Government Purchases

Research on the Socialization Path of Public Cultural Services

政府购买
公共文化服务社会化路径研究

刘京晶◎著

知识产权出版社
全国百佳图书出版单位
—北京—

图书在版编目（CIP）数据

政府购买：公共文化服务社会化路径研究 / 刘京晶著. -- 北京：知识产权出版社，2020.12

ISBN 978-7-5130-3046-5

Ⅰ.①政… Ⅱ.①刘… Ⅲ.①公共服务—政府采购制度—研究—中国 Ⅳ.① D630.1 ② F812.2

中国版本图书馆 CIP 数据核字（2020）第 235226 号

内容提要

政府购买是公共文化服务社会化发展的重要路径，是建设现代公共文化服务体系的必然要求，也是转变政府职能、建设服务型政府的主要任务。本书以全新的视角将政府购买定义为一种市场化政府经济行为，创新性地以市场化程度为标准总结提炼政府购买公共文化服务的模式，既为健全公共文化服务社会化制度框架提供了理论借鉴，更为政府购买公共文化服务的模式选择和流程设计提供了实践参考。

责任编辑：李石华　　　　**责任印制：孙婷婷**

政府购买——公共文化服务社会化路径研究

ZHENGFU GOUMAI——GONGGONG WENHUA FUWU SHEHUIHUA LUJING YANJIU

刘京晶　著

出版发行：	知识产权出版社有限责任公司	**网　　址**：	http：//www.ipph.cn
电　　话：	010-82004826		http：//www.laichushu.com
社　　址：	北京市海淀区气象路50号院	**邮　　编**：	100081
责编电话：	010-82000860转8072	**责编邮箱**：	lishihua@cnipr.com
发行电话：	010-82000860转8101	**发行传真**：	010-82000893
印　　刷：	北京中献拓方科技发展有限公司	**经　　销**：	各大网上书店、新华书店及相关书店
开　　本：	720mm × 1000mm　1/16	**印　　张**：	14
版　　次：	2020年12月第1版	**印　　次**：	2020年12月第1次印刷
字　　数：	180千字	**定　　价**：	55.00元

ISBN 978-7-5130-3046-5

前　言

政府购买公共文化服务是基于公共文化服务的特殊性质，平衡市场失灵和政府失灵之间的折中形式，介于政府提供公共文化服务和市场提供公共文化服务之间。从世界各国政府的行政实践经验来看，政府在供给公共文化服务时充分发挥市场的力量，采取政府购买的方式提供公共文化服务，可以有效提升公共文化服务的效率和质量，提高公共财政资金效能，同时为企业和文化类社会组织等各类社会主体提供发展空间。

党的十八届三中全会上首次提出“强化政府购买公共文化服务”以及加快服务型政府建设的要求。2015 年，中央政府先后出台了《关于加快构建现代公共文化服务体系的意见》《关于做好政府向社会力量购买公共文化服务工作的意见》《关于在公共服务领域推广政府和社会资本合作模式的指导意见》等意见，要求建立健全政府向社会力量购买公共文化服务的体制机制。2016 年，国务院正式成立政府购买服务改革工作领导小组，大力推动政府向社会力量购买服务。但我国政府购买公共文化服务的探索时间较短，实践经验尚未成熟，还存在改革当中的难点和盲点，亟待理顺机制、克服障碍。

随着社会主义市场经济的不断发展，政府由管理型职能转变为服务型职能，人民群众对公共文化服务需求的不断提升，政府购买公共文化服务作为一种制度也在不断发展完善。在深化文化体制改革的时代背景下，社会主义市场经济对公共文化服务领域的适配性提出了越来越高的要求。作为公共文化服务市场化的一种体现，政府向社会力量购买公共文化服务既是对当前经济发展形势的积极回应，也是建设现代公共文化服务体系的必然要求，更是转变政府职能建设服务型政府的主要任务。

（一）市场经济对公共产品的客观要求

随着我国经济社会的迅速发展，由政府直接供给公共产品的社会治理方式已经逐步退出历史舞台。政府无法“包治百病”，因而引入市场来协助政府履行公共服务职能。公共产品逐步成为市场化的对象。政府购买公共服务是公共产品市场化的重要表现。这种方式在基础建设、城市交通、社区服务等多领域得到广泛应用，并取得了良好的成效。公共文化服务是公共产品的重要组成部分。21 世纪初，我国文化体制改革将一批文化事业单位推向了市场，公共文化服务市场化的探索正在逐步开展。而我国市场经济的不断发展进一步推动了公共文化服务供给方式的转变。目前各地政府都在积极尝试探索开展政府购买公共文化服务项目，并在购买内容和范围方面不断拓展延伸。

（二）政府管理职能转变的重要抓手

公共文化服务供给是政府无法推卸和回避的责任。随着我国改革开放的不断深化，经济社会全面发展，人民群众的文化需求日益增长，对政府提供的公共文化服务也提出了更高的要求。群众期待倒逼政府职能发生重大变革。当前政府已经不再是全能型政府，公共文化服务的供给不再由政府大包大揽，而是通过吸纳社会力量广泛参与形成社会化的供给格局。政府向社会力量购买公共文化服务是公共文化服务社会化供给的重要形式。在建设服务型政府的要求下，政府着眼于“服务”，通过公共文化服务社会化为人民群众提供更加丰富多元的文化生活是应有之义。同时，政府向社会力量购买公共文化服务也能够在相当程度上缓解政府供给公共文化服务的财政压力，提升公共文化服务的供给效能。

（三）构建现代公共文化服务体系的手段

现代公共文化服务体系建设要求不断丰富公共文化服务的供给内容，满足人民群众日益增长的公共文化服务需求。通过向社会力量购买公共文化服务，一方面可以丰富公共文化服务的形式和内容，更好地满足人民群众的文化需求，另一方面可以激发社会活力，调动各类社会主体参与公共文化服务建设的积极性。

经过十余年的探索，我国政府在就业、住房、医疗、体育、卫生等领域大力开展政府购买公共服务，取得了较大成就，为公共文化服务领域的政府购买工作积累了大量经验。大力推动政府向社会力量购买公共文化服务，需要科学界定和详细阐释谁来买、向谁买、买什么、怎么买等问题，规范政府购买的机制和流程，保障政府购买公共文化服务有序、健康发展。

政府购买公共文化服务作为公共文化服务的供给方式，对其衡量的标准应当是供给效率的高低，审视其是否有助于优化政府供给、满足人民需求。因此，提升效率是政府购买公共文化服务的本质要求和重要任务。

随着政府对公共文化服务建设的重视和持续投入，近几年公共文化服务研究积累了丰富的成果。但政府购买公共服务的研究相对较少，政府购买公共文化服务方面的研究更是很少有学者涉足。究其原因，一方面，由于政府购买公共服务源起于西方国家，其理论适用与我国现实国情存在着较大差距，政府购买公共服务的理论要适用于我国发展需要本土化的过程。另一方面，我国开展政府购买公共服务的实践时间不长，在公共文化服务领域方面的政府购买则是刚刚起步，实践经验较少，难以总结提炼规律性结论，导致目前我国政府购买公共文化服务的理论发展远远落后于实践探索。政府购买公共文化服务的理论滞后严重影响了实践的开展，是目前公共文化服务研究领域中的薄弱环节。

通过政府购买公共文化服务的制度安排，政府有望从繁杂的公共文化服务生产工作中剥离出来，转变成为公共文化服务的协调者、监督者和合作者，从而打破政府单一化的服务供给模式。政府通过向社会力量购买公共文化服务，在公共文化产品供给过程中引入竞争机制，利用合同等具有法律效应的契约，建立公开、透明、高效的供给方式。此举在缩减行政成本的同时，也能有效推动政府职能转变，提升政府公共管理的效率。建立政府购买公共文化服务制度，是现代公共财政支出改革的一种必然趋势，对于提高政府财政资金的利用率、实现公共文化服务多元化供给和满足人们对公共文化服务的需求意义重大。我国在 20 世纪末开始尝试建立政府购买公共文化服务制度，至今仍处于初期阶段，在开展政府购买公共文化服务的过程中受到许多制约。在当前我国市场经济快速发展的背景下，基于市场化的视角研究我国政府购买公共文化服务的模式，将理论关照和实践探索相结合，研究当前我国政府购买公共文化服务的得与失，从而提出优化我国政府购买公共文化服务模式的路径建议，将为推动我国政府购买公共文化服务发展提供一些有价值的参考，对服务型政府的建设、现代公共文化服务体系的构建亦具有一定的理论价值和现实意义。

目　录

第一章 研究述评

公共文化服务属于复合性研究，研究范畴庞杂，涉及政治学、法学、管理学、社会学等诸多领域。国内外学者依托政治学、管理学等学科背景从政府职能的视角开展研究，积累了大量的研究成果和文献资料，如约翰·洛克（John Locke）的《政府论》、亚里士多德（Aristotle）的《政治学》、查理·路易·孟德斯鸠（Charles de Secondat）的《论法的精神》、B. 盖伊·彼得斯（B. Guy Peters）的《政府未来的治理模式》、亚当·斯密（Adam Smith）的《国富论》《社会契约论》等，这些书籍从不同方面阐述了政府实现社会管理的理论和方式。詹姆斯·M. 布坎南（James M. Buchanan, Jr.）的《公共物品的需求与供给》、保罗·A. 萨缪尔森（Paul A. Samuelson）的《经济学》等经济学名著，也都有涉及公共服务方面的内容，并给出了独到的见解。

国际上关于公共文化服务的研究工作起源于 20 世纪 70 年代，以“新型公共管理”“政府再造”“新公共服务”等理论为基础延伸而成。随着经济社会的日益发展，20 世纪 80 年代开始，主要欧美国家掀起了转变政府行政职能的改革运动，通过政府和外部之间的相互管理机制，建立起全新的政府服务制度。不论是“新公共管理”提出的政府分离管理和服务职能的要求——从“掌舵”改为“划桨”，抑或“公共产品”理论要求的分离公共服务提供和生产关系的要求，都主张政府的作用是服务社会而非简单的管理，要求将公众看作独立的社会主体。全新的治理模式要求建立政府、社会合作的机制来实现社会的公共管理。国内外学界逐渐将研究的重点从政府职能转移到对公共服务实质内涵的研究中，要求政府转变职能，为全体公民提供高效的公共服务。

关于公共文化政策的研究，起源于 20 世纪初的英国。1902 年，英国政府颁布的教育法案中要求将小学生教学课程列为参观博物馆的主要项目[1]，但相关文化政策研究工作却起步较晚。直到 20 世纪 60 年代末，法国成立文化部，正式将文化方面列入公共管理的范畴，此举被视为公共文化管理制度建设的开始。但在相关政策的执行上，欧洲文化报告《从边缘到中心》认为，如果忽视文化的发展，则可持续发展就无从实现。这一报告为欧洲文化政策的发展提出了科学的指导意见，认为在制定公共文化政策时应当先考虑艺术创造，这样政府就可从相关文化部门中获得相当的收益。关于供给模式方面的研究问题，哈利 · 沙特朗（Harry Chartrand）和克莱尔 · 麦考伊（Claire McCaughey）1989 年在《北欧文化政策》中，根据政

---

[1] 托比 · 米勒，乔治 · 尤迪思 . 文化政策 [M]. 蒋淑贞，冯建三，译 . 台北：巨流图书公司，2008：235–238.

府传统文化和公共文化之间的关系，将政府在文化政策中所起到的作用归类为三种模式：便利提供者模式、赞助者模式和建筑师模式❶。便利提供者模式的代表是美国的文化政策和制度，在这一模式中，政府承担着提供便利的责任❷，通过对教育、相关文化部门机构或者文化单位的建设提供资金等方面的支持，来实现公共服务供给。赞助者模式的代表是英国的文化政策，在这一模式中，政府主要承担着赞助者的责任，通过创建“大社会、小政府”的文化服务制度来实现公共文化服务供给。建筑师模式的代表是法国国家的文化政策，在这一模式中，国家实行的相关文化政策是经过激烈的思想碰撞之后才确定的。

第一节 公共文化服务

公共文化服务是公共服务的重要构成。当前国际上没有专门的“公共文化服务”方面的理论，而是将其纳入“公共服务”的研究范畴。公共服务理念起源于法国学者莱昂·狄骥（Leon Duguit）的相关理论，但当前学术界对公共服务这一理念尚未达成共识。美国学者莱斯特·M. 萨拉蒙（Lester M.Salamon）认为，公共服务主要是通过利用公共权力和社会资源

---

❶ CHARTER H，MCCAUGHEY C. The Arms Length Principle and the Arts：An Interactional Perspective Past，Present and Future，in Milton C. Cummings，Jr. and J. Mark Davidson Schuster，Whops to Pay for the Arts？ [M]. New York：ACABooks，1989：158-167.

❷ DUELUND P. Cultural Policy [J]. An Overview，2003（7）：57-58.

实现对社会公众的服务工作，并根据公共服务的特点和形式，将公共服务划分成基础类公共服务、经济类公共服务、社会类公共服务以及安全类公共服务四个类型。

当前国内对“公共文化服务”的内涵界定也未形成统一。在学者们的学术碰撞中产生了一些影响力较大的研究成果。陈威指出，公共文化服务就是通过公共部门向社会公众提供文化产品或相关的服务工作。而张晓明、李河等相关专家则从广义和狭义两个层面来解释公共文化服务，认为广义的公共文化服务主要由政府部门实行的相关文化管理构成，狭义上的公共文化服务不同于一般的文化商品和文化类用品。[1] 周晓丽、毛寿龙等专家指出，公共文化服务就是针对社会大众，不带任何利益目的的文化资源配置行为，是一种公益性的行为。[2] 通过对相关理论的整理和总结，可以发现大多数学者对公共文化服务达成了一种共识，即公共文化服务的作用是满足社会公众对精神文化的需求。2017 年 1 月，《中华人民共和国公共文化服务保障法》出台，其中对“公共文化服务”做出明确界定，“公共文化服务是指由政府主导、社会力量参与，以满足公民基本文化需求为主要目的而提供的公共文化设施、文化产品、文化活动以及其他相关服务”，并对“公共文化设施”进一步明确了范围：“公共文化设施是指用于提供公共文化服务的建筑物、场地和设备，主要包括图书馆、博物馆、文化馆（站）、美术馆、科技馆、纪念馆、体育场馆、工人文化宫、青少年

---

[1] 张晓明，李河．公共文化服务：理论和实践含义的探索 [J]. 出版发行研究，2008（3）：32–33.

[2] 周晓丽，毛寿龙．论我国公共文化服务及其模式选择 [J]. 江苏社会科学，2008（1）：27–28.

宫、妇女儿童活动中心、老年人活动中心、乡镇（街道）和村（社区）基层综合性文化服务中心、农家（职工）书屋、公共阅报栏（屏）、广播电视播出传输覆盖设施、公共数字文化服务点等。”《中华人民共和国公共文化服务保障法》是国内当前关于公共文化服务的基础性法律，对我国公共文化服务的内容、政府保障公共文化服务的责任等都进行了详细的阐述和规定，而且明文指出社会力量是公共文化服务的主体，并将以往不属于文化系统管辖的场馆设施也纳入相关公共文化基础设施的范畴。

第二节 公共服务市场化

“市场化”的相关理念，起源于20世纪60年代末美国管理学家彼得·德鲁克（Peter F. Drucker）的相关理论。当前国外关于“公共服务市场化”的相关观点主要包括哈尔·G. 雷尼（Hal G. Rainey）的“国家中空化”、唐纳德·凯特尔（Donald F. Kettl）的“民营化”“代理政府”、彼得·塞尔夫（Peter Self）的“市场治理”、乔恩·皮埃尔（Jon Pierre）的“国家的市场化”“伙伴合作关系”“风险分担原则”等。

乔恩·皮埃尔对公共服务市场化解释为：通过市场上的现行标准，实现社会资源的最优化配置，然后通过相关市场准则评估相关服务和供给效率；作为全新工作管理制度的组成部分，重视相关经验对管理工作可能造成的影响，而且以最终的结果为衡量；相关个体可根据服务供给者的实际情况选择相关服务。B. 盖伊·彼得斯指出，公共服务市场的改革工作是通过四个方面的共同作用来实现的：一是公共部门结构的变化，包括打破垄断让私营部门介入、分解大型组织使其小规模企业化、权力分散和下放等；二是管理上的变化，包括人事管理中的绩效管理及工资制、财政管理中的将购买者与提供者分开及成本核算、引入私人竞争让市场来检验公共部门的效率等；三是政策制定的变化，包括决策权力分散化、协调工作的重要性和困难度增强等；四是对公共利益认识的变化，包括以政府的施政成本是否低廉为评价标准、政府责任的市场化倾向、公众被看作消费者和纳税人等。[1]

我国学者徐冬蓉指出，就本质而言，公共服务市场化实质上就是政府行政职能的市场化，从中可以看出政府在公共服务中供给职能的委托和市场的价值回归。刘厚金指出，所谓的公共服务市场化，是政府通过相关公共组织向社会公众提供公共基础设施的实施过程。[2]宋世明从三个方面解释公共服务市场化：首先，将政府相关服务工作的决策和实施过程区分开来。政府的主要责任是制定科学可行的相关政策，而相关的执行工作是在公共部门、私营部门以及非营利部门的共同作用下实现的。其次，在公共服务供给中引入竞争机制，公共服务的供给主体应当是多元化的，即使提供公共服务的部门是私营企业，也不意味着公共服务工作效率就一定提升，最根本的问题是如何通过竞争来打破垄断行为，保证效率的提升。最后，消费者应当有自主选择的权利。[3]

笔者认为，公共服务市场化体现了政府行政职能在公共服务供给方

---

[1] B. 盖伊·彼得斯．政府未来的治理模式 [M]. 吴爱明，夏宏图，译．北京：中国人民大学出版社，2001：36–55.

[2] 刘厚金．我国公共服务市场化的问题分析与完善对策 [J]. 江西社会科学，2009（6）：205.

[3] 宋世明．美国行政改革研究 [M]. 北京：国家行政学院出版社，1999：102.

面的转变。针对其内涵来说，我国公共服务市场化的研究应该从方式和目标两方面入手。

就公共服务市场化改革的目的而言，要实现公共服务市场化，首先，明确向社会公众提供什么样的服务，这就要求正确认识和处理政府和市场的关系，政府让渡权力空间给社会主体；其次，要求政府通过民主化的方式来制定相关制度，将政府的决策权力适当下放，让多元主体参与政府决策；最后，设计好以怎样的形式提供社会公共服务，这就要求政府在明确公共服务供给责任的基础上，将非政府部门的相关管理方式引入公共服务供给制度之中，提升公共服务提供的实际效用。

从公共服务市场化的改革方式来看，需要明晰以下四层含义：首先，应当充分肯定市场的价值和作用，正视公共服务供给质量受到供给成本、消费者、收益等因素的影响。其次，需充分认识市场规律对公共服务的约束性，市场有风险的存在，参与公共服务的社会主体应当充分遵守市场准则，在准则规定的范围内进行，最终的结果也由社会主体自行承担。再次，通过借鉴非政府部门成熟的管理经验来优化政府购买公共服务的机制和流程，提高公共文化服务的供给效率。最后，充分发挥市场主体的作用，积极营造环境创造条件，采取合同外包等形式鼓励和扶持企业积极参与公共服务。[1]

在笔者看来，公共服务市场化应当充分发挥市场机制的积极作用，实现公共资源的最优配置，转变政府职能、提升公共服务效能。但是在改革过程中，绝对不能忽略公共服务的价值取向，必须在市场化改革过程中坚持“以人为本”的原则。目前政府还无法充分、有效供给公共服务，与公

---

[1] 李砚忠．关于我国公共服务市场化若干问题的分析 [J]. 社会科学，2007（8）：21-22.

众对公共服务的需求存在着较大差异，某些地区甚至出现公共服务供给“政府失灵”的极端现象。因此，采用公共服务市场化的方式，利用市场资源和社会资源丰富公共服务供给，提高公众的公共服务获得感，更好地服务公众是政府购买公共服务的出发点和落脚点。

通过对以上观点的综合和梳理，笔者认为，公共服务市场化是以满足公众需求为出发点，将市场机制引入公共服务供给体系，打破政府在公共服务过程中的供给垄断，转向政府、市场、社会、公众多元协同的供给模式，实现政府行政职能的转变和公共服务供给效率的提升。

第三节 政府购买公共文化服务

一、政府购买公共文化服务的概念

当前国内外对政府购买公共文化服务的表述方式不尽相同，有的称为“公共服务合同外包”，有的称为“公共服务购买”。保罗·A. 萨缪尔森指出，政府购买公共服务是将本来由政府负责的相关服务工作交给相关的文化部门或机构来实现，并根据这些机构、部门具体的工作情况支付一定的服务费用[1]。在对政府购买公共服务的定义上，美国学者 E.S. 萨瓦斯作出了一个经典概括，“通过与第三方签订合同的方式，将公共服务的生产与

[1] 顾平安. 推进政府公共服务的合同制管理 [J]. 理论研究，2008(18)：38-42.

供给进行外包，采用如下方式：政府主导，合同承包，志愿服务和自我服务，特许经费，政府间协议和自由市场等”。相关学者认为，政府之所以要购买公共服务，与政府的角色与责任界定有关。登哈特夫妇强烈主张，政府应当从“提供者”转向“安排者”“监督者”，通过在社会化的公共服务多元供给体系组织合作，解决在供给公共物品时所遇到的困难。斯莱克认为，政府购买公共服务是想转移部分公共服务供给的职能给社会，从而达到政治与经济发展共赢的状态。莱斯特·M.萨拉蒙认为，政府与非营利部门在服务供给中可以形成优势互补，政府可以在民主而非特权的基础上提供更为可靠的资源，非营利部门可以根据客户的需求而非政府机构的结构提供更加个人化的服务，两者的合作能提高服务的多样性和竞争的程度，从而提高服务效率、减少成本。从另一方面来说，公共服务私有化难以有效保证公民可以普遍获得公共服务，而市场化运作模式是否比政府行政管理更富有成效也存在一定的疑问。

国内学者在探讨政府购买公共文化服务的概念时，都是基于对政府购买公共服务的理解上展开的。王浦劬、莱斯特·M.萨拉蒙等在其专著《政府向社会组织购买公共服务研究：中国与全球经验分析》中提出了一个关于政府购买公共服务的经典阐释：“政府将以往直接提供的公共服务事项，通过直接拨款或者公开招标的方式，交给有资质的社会服务机构来完成，最后依据中标者所提供的公共服务数量与质量交付服务费用。”在此基础上，伍玉振指出，政府购买公共文化服务就是根据市场机制和社会机制的要求，把政府直接向社会公众提供的基本公共文化服务事项，采取项目竞投标、委托运营管理、承办等方式交由社会力量生产和承担，由此实现公共文化产品和服务的优质化供给，保障公民的基本文化权利等。顾平安认为，政府购买公共服务是指“政府将原来由政府提供服务的事项交给有资质的文化类社会组织来完成，并根据服务的数量和质量，按照一定的标准进行评估后支付服务费用”[1]。赵立波认为，政府购买服务是政府承担、专项委托、合同协定以及根据评价结果付款的行为。李山等指出，政府购买公共文化服务通过政府和相关文化类社会组织机构之间的合作，推进市场化机制运行，共同实现公共文化服务的供给。

此外，还有许多学者提出了不同的概念观点，虽然各学者的表述有所不同，但他们在政府购买公共文化服务的内涵上几乎都认为政府购买公共文化服务就是整合政府、市场和社会各自的优势，三方建立起协同合作的模式，多层次、多样化地满足公民日益增长的文化需求。政府购买公共文化服务通过引入社会力量参与，不仅可以使政府摆脱具体“划桨”中的琐事困扰，专注于“掌舵”中的宏观政策调控，促进政府由管制型向服务型转变、由无限责任向有限责任转变，还可以为文化社会组织提供发展空间、政策指导与资金支持，进而增进公共文化服务供给存量，完善政府购买公共文化服务的体系网络。

目前国内学者对政府购买公共服务的观点存在着两种分歧，即政府购买公共服务究竟是市场化还是社会化的表现，是否将市场化和社会化等同。一种观点认为政府购买公共服务是公共服务市场化的行为，公共文化服务的承接主体既可以是企业，也可以是文化类社会组织。另外一种观点则把公共服务中的民营化、社会化进行了区分。如赵子健等专家的观点，区分市场化和社会化的方式，是看服务提供者（政府）、生产者（企业或

---

[1] 顾平安．推进政府公共服务的合同制管理 [J]. 理论研究，2008（18）：42-44.

社会组织）和消费者（公众）之间的关系。市场化是通过打破垄断发挥市场机制，以竞争促效率，从而提升公共服务供给的质量。而社会化的观点则强调通过构建环境、配置资源等各种方式来推动供给者、生产者和消费者之间的合作关系，通过协商等方式降低成本压力，在最少投入的同时获取最大的社会满意度。

而在笔者看来，公共服务市场化是公共服务社会化的狭义概念，社会化包含但不限于市场化。市场化强调资源配置的机制和过程，而社会化则更着眼于治理方式和治理结构的构建。政府购买公共文化服务，是政府部门同相关企业、文化类社会组织等主体之间就公共文化服务开展的契约化购买行为，其本质是将竞争机制引入公共文化服务的供给，以提升服务效率为目标导向。政府购买公共文化服务是公共文化服务市场化的体现，更是公共文化服务社会化的实现途径。

二、政府购买公共文化服务的范围

目前在我国政府购买公共文化服务具体的社会实践过程中，最为普遍的是公共文化基础设施委托管理和营运、相关文化活动的举办、公共文化服务相关岗位的购买和政府购买公共文化服务监督评估与决策咨询这四种形式。随着各地政府的实践日益增多，政府购买公共文化服务的内容也日益丰富多元。2015 年国办发〔2015〕37 号文件《国务院办公厅转发文化部等部门关于做好政府向社会力量购买公共文化服务工作意见的通知》中，发布了《政府向社会力量购买公共文化服务指导性目录》，包含公益性文化体育产品的创作与传播、公益性文化体育活动的组织与承办、公共文化体育设施的运营和管理、民办文化体育机构提供的免费或低收费服务等共五大类 38 项内容。文化部发布的《文化部向社会力量购买公共文化服务指导性目录》中又增加了对外和对港澳台文化交流活动的组织承办、文化宣传品的设计制作与运输、文化人才队伍培训等内容，进一步扩大和丰富了政府购买公共文化服务的范围。地方实践方面，政府针对辖区内的实际情况和现实需求，因地制宜地增加了一些政府购买公共文化服务的内容，如北京市在政府购买目录中增加了文物和博物馆领域的政府购买项目。

三、政府购买公共文化服务的主客体研究

冯华艳从政府购买公共文化服务的整个过程出发，将其分为三个基本环节——公共文化的供给环节、生产环节和使用环节；对应的主体分别为购买主体、承接主体和使用主体。祁述裕认为，购买主体是政府，生产主体是文化类社会组织或文化类企业机构，消费主体是全体公民，公共文化服务的行为对象则是购买公共文化服务。常晋指出，在购买过程中所暴露出的种种问题表明，在公共文化服务采购的过程中不应该只有购买主体、承接主体和使用主体，还应该有评审主体和监管主体。张心怡指出，从法律角度上来看，政府购买公共文化服务的构成主体包括服务承接人和购买人。政府是购买人，相关企业和文化类社会组织是政府购买公共文化服务的承接人。考虑到文化类社会组织的公益性原则与公共文化服务更加契合，学界对文化类社会组织在政府购买公共文化服务过程中承担的责任、权利、义务等方面展开了重点研究。王名等专家指出，文化类社会组织的资源主要来自两个方面：一方面是在政府改革中出现的体制资源，如国有

院团改制后形成的各类院团；另一方面是在社会转型和市场经济不断发展形成的各类经营资源，如各类行业协会、商会等。这两方面资源都具有浓厚的官方背景，承接人通过这两类资源的结合，假借公益之名获取巨大的经济利益，从而严重背离了文化类社会组织成立的宗旨和根本目的。[1] 莱斯特·M. 萨拉蒙指出，社会机构或组织在参与公共服务的过程中，主要面临着失去独立自主地位等方面的威胁；卖方或是相关部门通过相关渠道获取政府资源，从而使自身的行为偏离了预定目标等。[2] 董丽认为，政府向文化类社会组织购买公共文化服务存在人情介入、立场动摇、距离不当等潜在的风险。[3] 而内外部监督管理机制不健全、激励约束和绩效评价机制不健全、服务效率不高、政府管理和扶植政策不完善等是目前我国文化类社会组织发展存在的突出问题。[4]

四、政府购买公共文化服务的方式

从政府购买公共文化服务的方式来看，受到各国文化发展现实情况的影响，当前国内外政府服务购买选择的方式有所不同，但主要是通过公私合作、合同承包等方式开展。保罗·A. 萨缪尔森通过对民营化特点进行分

---

[1] 王名. 第三次改革：中国非营利部门战略研究 [M]. 北京：清华大学出版社，2005：165.

[2] 莱斯特·M. 萨拉蒙. 公共服务中的伙伴：现代福利国家中政府与非营利组织的关系 [M]. 田凯，译. 北京：商务印书馆，2008：109.

[3] 董丽. 公共服务社会化：政府购买文化类社会组织服务的研究 [J]. 四川省社会科学院，2013（4）：32–35.

[4] 蔡秀云. 非营利组织公共文化服务供给研究 [J]. 经济研究参考，2014（41）：43–46.

析，认为可以通过合同承包、凭单等方式来实现公共服务的供给。[1]图书馆外包是许多国家政府购买公共文化服务的一种具体模式，在该方面也取得了一定的研究成效。罗伯特 B. 登哈特（Robert B.Denhardt）从新公共管理理论角度分析了美国 7 所实施总体外包的图书馆在责任制、效率与公共服务的居民使用率方面的成效，发现其中 6 所图书馆增加了责任制，两所图书馆的经济效率有所提升，4 所图书馆的使用率有所提升。而马丁、布朗等学者调查了美国加利福尼亚州河岸郡图书馆总体外包的情况，认为外包不会对地方政府产生威胁以及对图书馆的服务质量带来负面影响，同时也提出总体外包是未来图书馆发展的一大趋势。国外许多学者认为政府提供的服务外包合同存在风险。凯特尔指出政府监管下的市场行为存在各种缺陷，随着各种缺陷的积攒，要实现注重效率的政府购买行为会更加困难。约翰森·罗姆泽克（Johnson Romzek）认为政府购买行为不会减轻财政赤字，也不会抑制政规模的扩张，而是会在供给方竞争较小、供给的服务是无形的服务、服务评价困难、个体的获益在群体中比例较低等条件下对政府管理造成困难。对此，在决定将服务外包或私有化服务之前，公共部门要对私有化对部门使命的影响，承包服务的私营部门是否存在、稳定和可靠，内部和外部服务提供者的相对成本，公共部门是否具备监管私营部门的能力四项指标进行认真的考量和评估。此外，还应当明确承包的标准和细节，具体包括任务的细分、具体流程的规范、成本的估算、绩效标准的确定、监控的要求以及竞争机制的完善等。

---

[1] E.S. 萨瓦斯. 民营化与公私部门的伙伴关系 [M]. 周志忍，译. 北京：中国人民大学出版社，2003：128.

国内学者李军鹏通过对国外政府购买公共服务30年历程的总结，对政府购买公共服务的具体范围、基本方式进行了摸索，总结了政府购买公共服务典型模式的主要方式，包括合同外包（在政府付费的情况下引入市场机制）、公私合作（政府与企业和其他社会力量联合生产公共服务的模式）、政府补助（政府对生产者实施补助）、凭单制（消费服务券或代用券）。[1]周兰翠认为，体制内项目购买（建立起政府内部竞争性虚拟市场）、服务外包制、政府特许经营制、委托代理制、采购配送制是目前我国积极探索政府购买公共文化服务的主要实践形态。[2]张心怡指出，我国政府购买公共服务的主要方式包括合同外包、特许经营、用者付费、补贴制度四种形式。[3]

五、政府购买公共文化服务的模式

模式是指事物的普遍样式，是对普遍性规律进行全面性总结得出的。政府购买公共文化服务模式是政府购买行为趋同化的一种体现，具有一定的典型性。总结政府购买公共文化服务的模式需要建立在对政府购买公共文化服务大量实践的观察和比较分析的基础上，并能够对政府购买公共文化服务实践发挥指导和借鉴作用，仅以地方实践经验而命名的诸如“上海模式”等不在本研究范围之内。

从整体上看，西方国家政府在购买公共服务时以政府与社会组织协作伙伴关系模式为主导。由于在西方国家社会组织发育良好，政府与社会组

---

[1] 李军鹏．政府购买公共服务的学理因由、典型模式与推进策略[J]. 改革，2013（12）：19–21.

[2] 周兰翠．政府购买公共文化服务：理论逻辑与实践形态[J]. 地方财政研究，2014（4）：33–35.

[3] 张心怡．关于上海进一步健全政府购买公共服务的研究[D]. 上海：复旦大学，2012（6）：25–27.

织互动充分，因而形成了以政府与社会组织协作伙伴关系为主导的政府购买模式。具体来看，在美国福利国家公共服务供给中，社会组织充当了重要的社会治理和公共服务供给的角色，可以称这种模式为“第三方治理”。英国政府曾经在 2007 年制定了《第三部门在社会和经济振兴中的未来作用：最终报告》，报告将政府与社会组织的协作伙伴关系作为未来政府努力的主要方向。

露丝·H. 德霍格（Ruth H.Dehoug）认为政府与社会组织协作的模式可以使委托人和代理人处于一种相对平等的状态中，因而能够有效规避为追求合作而可能产生的机会主义行为，同时也能够充分体现代理人的业务能力，达到双方长期合作的目标。[1] 同时，将公共文化服务的提供和生产进行一部分外包，通过采用政府出售、合同承包、志愿服务或特许经营的方式与各社会力量签订第三方合同进行合作，有利于提高公共产品的生产效率，有效降低国家的公共福利开支。

世界上不同国家的政治体制、文化传统存在显著差异，因此政府购买公共服务在长期实践中形成了四种具有代表性的模式。一是央格鲁—萨克逊模式，这一模式要求在相关购买行为过程中充分发挥市场机制的作用，以竞争为导向；二是欧洲大陆模式，将政府购买公共服务的范围控制在一定领域内，实行有限的市场化；三是福利国家模式，通过较高的税收和高福利的补贴，实现公共服务的国家供给，如芬兰、冰岛等；四是以新加坡为代表的东亚模式，其主要特征在于政府对公共服务领域的直接干预的权

[1] DEHOOG R H.Competition，negotiation，or cooperation：three models for Service contracting[J].Administration & Society，1990，22（3）:317-340.

力，其市场化、竞争方面则远低于欧美国家的服务购买模式。

欧洲国家政府主要采用的是合同制与非合同制。如在意大利，合同制模式主要运用于需要长期控制或管理的公共文化服务产品，如博物馆、美术馆和图书馆等。非合同制政府购买模式的理论基础源于英国的“一臂之距”原则，由于政府直接提供公共文化服务的文化政策存在政策扭曲的风险，而“一臂之距”模式可将决策责任委托给一个由艺术和文化领域专家构成的法定独立机构承担。与合同制相比，非合同制外包模式并不是签署一个具有明确期限的合同进行规范约束，因此其更具弹性。非合同制治理模式被意大利、英国、丹麦等很多欧洲国家广泛运用于公共文化服务供给领域，且更适用于公共文化服务的供给。

美国政府采用的是政府间接引导的市场型供给模式，其具体形式主要包括契约外包、抵用券制度、志愿服务和补助制度等多项内容，并通过法律途径进行保障。为了保证公共文化服务的质量，美国政府设立一系列中介机构，这些机构会为非营利性的文化团体提供资金支持，给予政策性优惠，从而调动社会力量承接公共文化服务的积极性。

日本政府在购买公共文化服务方面形成了多元化供给模式的方法。一种是由政府生产提供公共文化服务，在该模式中，国家和地区的公共部门处于主导地位，私人部门和公益性部门属于从属地位。另一种是政府采用合同外包的方式或者是鼓励志愿型供给等一系列的购买模式。在这种模式中，日本政府大力资助文艺团体与非营利组织，扩大能够承接公共文化服务的主体范围，增强购买服务过程中的竞争性。

我国政府购买公共文化服务的模式按理念与形式大致可划分为合同制与非合同制，体制内购买与体制外购买，独立性竞争购买、独立性非竞争购买与依赖性购买三种类别。

1. 合同制和非合同制

胡艳蕾等提出，20 世纪 80 年代，在西方国家新公共管理理论改革的浪潮的推动下，政府文化体制从传统的“政府主导”模式转变为多元参与模式，因此形成了合同制与非合同制两种类型的政府购买公共服务模式。贾璐璐指出，合同制重点在于政府以合同的方式与事业单位、社会文化力量等部门合作，通过直接购买服务的方式来满足民众的公共文化服务需求，实践中主要表现为各地政府为图书馆、美术馆等文化场所购买讲座、展演等文化服务。郝智琪认为，由于政府的采购与招标有明确的法律依据和管理办法，因此能够确保政府采购过程的规范性；同时，可促使社会组织公平竞争参与公共服务，使公共文化服务供给具有效率性。

周建新认为，非合同制是指政府在不签订任何公共文化服务或产品购买合同的情况下，通过对非政府组织（私人机构、公私合作机构、社会公益组织等）进行资助和补助，从而实现公共文化服务或产品的生产或供给。在该种模式中，文化社会组织具有较大的独立性，有规范化的管理机制以及具有弹性的供给机制，因此采用该模式不仅有利于作出科学的决策，还能够提高政府的工作效率。

2. 体制内购买和体制外购买

周兰翠提出，在党的十八大以前，体制内购买（即上级政府向下级政府购买公共文化服务）曾经是政府购买的主要方式。体制内购买就是在政府内部建立起竞争性“虚拟市场”，按照市场竞争逻辑来运作某些政府公共服务事务，将政府内部的上级与下级的行政关系转变为买者与卖者的市场交易关系，发挥市场机制在供给公共服务方面的优势。段小虎等指出，为了推动实现公共文化服务的均等化、标准化，国家通过自上而下和财政转移支付的方式设立了大批文化建设项目，如“万里边疆文化长廊”补助专项、县级两馆建设项目、文化信息资源共享工程、“三馆一站”免费开放专项、农村广播电视村村通工程、绿色电脑进西部工程、“三区”人才支持计划和“春雨工程”。尹广文认为，公共文化服务的体制内项目购买制体现了国家从“一元化”主导社会治理格局向“多元化”社会各主体参与的转变，反映出政府职能的转变和“小政府、大社会”社会治理格局的形成，最终实现了政府与各类社会组织在参与基层社会治理实践中的合作共赢。邹胜男、陈世香提出，公共事业单位的性质使得政府购买多采用体制内委托经营的方式，其购买方和委托代理方都是公共事业部门，这种体制内委托经营方式对于缓解公共文化服务中服务的承接主体不足效果明显，因此在具体创建实践中要逐步做到凡适合面向市场的基本公共文化服务，都可以从市场招标购买，把公共文化服务的供给从文化系统的“内循环”转变为市场的“大循环”。

与体制内购买相比，体制外购买具有鲜明的开放性特征，承接方既可以是市场主体也可以是社会组织或个人，包括多种购买形式（见表 1–1）。

表 1–1 体制外购买模式的具体表现形式

购买形式	主要内容	实践案例
服务外包制	地方政府将国有文化企事业单位转制为国有独资的，或者组建混合所有制（国有、民间资本共同投资）性质的文化服务有限责任公司、运用合同外包的形式购买公共文化服务	2010 年 6 月 20 日，马鞍山市歌舞团、市黄梅戏剧团、市艺术实验中心事业编制核销，转企改制为马鞍山市艺术剧院有限公司，建立起法人治理结构的现代企业制度

续表

购买形式	主要内容	实践案例
政府特许经营制	政府凭借合法垄断的公共权力，批准某些非政府组织以公共利益为导向，按市场机制开发经营公益性极强的公共资源，实现社会效益最大化的同时，推动公共资源的良性发展	对于市政公园、博物馆、森林公园、世界遗产地等社会公益性很强的公共文化空间与公共文化活动尝试引入公共文化特许经营制
委托代理制	政府将某些公共文化服务设施或者公共文化活动以公开招标的形式托付给某些社会力量运营，履行公共文化服务供给的义务后，政府则给予免租金、免税或者补贴等方面补偿	宁波市鄞州区对新建成的区文化艺术中心、体育馆、文化广场与网球中心等区级大型公共文化设施采取了委托代理制管理，由专业化的文化经营管理公司开发、管理与运作，实现管理的专业化和公共资源的有效整合
采购配送制	政府根据民众文化需求确定每年公共文化服务的目录与场次，再由政府公开向社会文艺团体或文化单位招标采购，纳入采购目录的单位按签订的合同条款向民众供给公共文化服务，政府对于履行合同约定的文化单位给予政府补贴或费用	2005 年，深圳市正式出台《深圳市重大公益文化活动实行社会化运作试行办法》，公益性文化活动通过政府采购补贴的形式向文化社会力量购买公共文化服务

我国体制外购买探索实践首先是从转企改制后的歌舞剧团、商业化演艺公司等服务外包开始的，如长沙“政府埋单、群众看戏”文化惠民工程、宁波“万场电影千场戏剧进农村”活动都是典型案例。虽然这种购买方式既可以为公共文化服务提供融资可能性，又能够提高公共文化服务绩效，但总体上渠道过于单一、形式基本雷同、管理普遍粗放，很难满足基层群众多元化的文化需求。

党的十八大以后，为了加快构建与市场经济相适应的现代公共文化服务体系，国家先后出台了一系列政策指导性文件（见表 1–2），对建立健全政府向社会力量购买公共文化服务机制作出了重要部署。

表 1–2　政府购买公共文化服务的相关政策

文件名称	颁布时间	相关内容
《中共中央关于深化文化体制改革，推动社会主义文化大发展大繁荣若干重大问题的决定》	2011 年 10 月	引导和鼓励社会力量通过兴办实体、资源项目、提供设施等形式参与公共文化服务
《“十二五”时期文化改革发展规划》	2012 年 5 月	推广政府财买等公共文化产品提供方式，健全市场化提供机制。引导社会力量有序参与公共文化服务，支持各种民办博物馆、图书馆等公益性文化机构发展，努力形成良性竞争、多元互补的公共文化服务供给体系
《“十二五”时期公共文化服务体系建设实施纲要》	2013 年 1 月	逐步建立公共文化服务政府采购制度，支持民营文化企业的产品和服务进入采购目录
《关于政府向社会力量购买服务的指导意见》	2013 年 9 月	地方各级人民政府要结合当地经济社会发展状况和人民群众的实际需求，因地制宜、积极稳妥地推进政府向社会力量购买服务工作，不断创新和完善公共服务供给模式，加快建设服务型政府
《中共中央关于全面深化改革若干重大问题的决定》	2013 年 11 月	引入竞争机制，推动公共文化服务社会化发展。鼓励社会力量、社会资本参与公共文化服务体系建设，培育文化非营利组织
《关于支持和规范社会组织承接政府购买服务的通知》	2014 年 11 月	探索多种有效方式，加大社会组织承接政府购买服务支持力度
《关于加快构建现代公共文化服务体系的意见》	2015 年 1 月	鼓励和引导社会力量参与。建立健全政府向社会力量购买公共文化服务机制。通过委托或招标投标等方式吸引有实力的社会组织和企业参与公共文化设施的运营

续表

文件名称	颁布时间	相关内容
《关于做好政府向社会力量购买公共文化服务工作的意见》	2015 年 5 月	积极有序推进政府向社会力量购买公共文化服务工作。《政府向社会力量购买公共文化服务指导性目录》中含：公共图书馆（室）、文化馆（站）、村（社区）综合文化服务中心（含农家书屋）等运营和管理
《关于在公共服务领域推广政府和社会资本合作模式的指导意见》	2015 年 5 月	倡导多种形式投入，与社会组织的参与、鼓励社会力量与政府合作模式
《中共中央关于制定国民经济和社会发展第十三个五年规划的建议》	2015 年 10 月	创新公共文化服务提供方式，能由政府购买服务提供的，政府不再直接承办；参由政府和社会资本合作提供的，要广泛吸引社会资本参与
《中华人民共和国公共文化服务保障法》	2016 年 12 月	第四十九条　国家采取政府购买服务等措施，支持公民、法人和其他组织参与提供公共文化服务
《中华人民共和国公共图书馆法》	2017 年 11 月	第六条规定公司、法人或者其他组织依法设立公共图书馆，按照有关规定给予税收优惠和其他扶持政策；高等学校图书馆、科研机构图书馆以及政府设立的其他类型图书馆向公众开放的，国家给予必要的经费支持

在文化供给侧改革和政府购买制度安排的推动下，我国承接政府购买的专业化社会组织呈现迅速发展态势，各种形式体制外购买实践也取得了一定的成效。如近年来，宁波、青岛与马鞍山等地方政府相继按照市场化机制与社会化机制，组建公共文化有限责任公司、设立文化社团与培育民间文化组织，承接公共文化服务的生产与供给；同时，又积极探索招标采购、项目补贴、定向资助与服务外包等多样化实践形态，有效解决了公共

文化产品供给匮乏问题。

3. 独立性竞争购买、独立性非竞争购买与依赖性购买

根据购买主体间的依附关系，以及购买程序中的竞争程度，王浦劬等专家将政府购买公共服务模式总结为独立关系非竞争性购买模式、独立关系竞争性购买模式等模式。[1]王名、乐园等学者将我国政府购买公共文化服务模式分为独立关系非竞争性购买、依赖关系非竞争性购买以及独立关系竞争性购买。[2]独立关系竞争性购买，是指具有独立自主性的社会组织通过竞争投标的方式获取供给某项服务的模式；独立关系非竞争购买则是指政府直接定向向独立社会组织购买相关服务的模式；依赖关系非竞争购买是指具有官方背景或与官方关系密切的社会组织直接承接政府服务的职能，政府负责资金或其他资源供应的购买模式。

在以上三种模式中，无论社会组织是否独立，政府都拥有巨大的影响力。由此来看，我国社会组织的发展状态属于“依附式发展”，即社会组织虽然在不断发展壮大，但始终不能脱离政府的影响。这种表面上的多元主体协作方式掩盖了长久以来所延续的政府主导的公共文化供给方式，因此也阻碍了公共文化服务的多样性发展。对此，政府应该积极引入市场机制，采用招投标、定向委托等形式向公众提供多样的公共文化服务。也可以根据公共文化服务领域的门槛特点，合理定位政府的角色，发挥政府的职能。在进入门槛比较低的公共文化服务领域，政府要大力支持第三部门参与服务的供给；而对于

---

[1] 王浦劬，等．政府向文化类社会组织购买服务研究：中国与全球经验分析 [M]. 北京：北京大学出版社，2010：178-186.

[2] 王名，乐园．中国民间组织参与公共服务购买的模式分析 [J]. 中国浙江省委党校学报，2008（4）：45-47.

兼具公益性和经营性，但是公共性比较强的公共文化服务领域，可以通过引进竞争机制，促进政府公共文化服务供给的结构性转变。在公益性很高的公共文化服务领域，政府应该在此类服务供给中占据主导地位，即学者毛寿龙所提到的权威型供给、商业型供给和志愿型供给模式（见表 1–3）。

表 1–3　公共文化服务供给模式

<table>
<tr><th>模式</th><th>政府角色</th><th colspan="2">运行模式</th></tr>
<tr><td rowspan="4">权威型</td><td rowspan="4">政策制定者
资金提供者
生产安排者</td><td>政府服务</td><td>系统内进行</td></tr>
<tr><td>委托生产</td><td>根据需求，委托社会机构生产政府供给</td></tr>
<tr><td>合同外包</td><td>政府提出运营目标，与非营利部门、私营部门签订合同，政府以税收购买服务</td></tr>
<tr><td>特许经营</td><td>私人部门参与服务基础设施的建设</td></tr>
<tr><td rowspan="4">商业型</td><td rowspan="4">与市场是以公共利益为核心的合作伙伴关系</td><td colspan="2">公共生产，市场提供</td></tr>
<tr><td colspan="2">非公共生产，政府提供</td></tr>
<tr><td colspan="2">非公共生产，混合提供</td></tr>
<tr><td colspan="2">非公共生产，市场提供</td></tr>
<tr><td>志愿型</td><td>与第三部门合作</td><td colspan="2">加大对第三部门的资金扶持</td></tr>
</table>

此外，学者苏明等以买卖双方关系和购买程序为依据，认为当前社会上经常使用的公共服务供给可以分成五类模式：政府间接提供的合同购买模式、政府间接提供的公办民营模式、政府直接提供的公办公营模式、社会自发提供的民办民营模式以及政府间接提供的民办公助模式。[1] 管兵、夏瑛则从政府治理制度维度总结为项目制、单位制、混合制三种模式。[2]

---

[1] 苏明，贾西津等．中国政府购买公共服务研究 [J]. 财政研究，2010（1）：17–22.

[2] 管兵，夏瑛．政府购买服务的制度选择及治理效果：项目制、单位制、混合制 [J]. 管理世界，2016（6）：44–46.

从现阶段我国政府购买制度设计思想的角度看，我国政府购买模式发生了结构性变化，即从传统政府供给、政府管理的单一型的公共文化服务供给模式向“政府供给 + 社会供给 + 政府管理”这一模式逐渐过渡。

但通过当前学界对政府购买公共服务模式的研究可以发现，项目制、单位制、混合制模式的划分是基于购买公共服务当中不同的赋权形式，本质是对政府治理模式的制度选择，关照的是宏观层面的制度安排，与政府购买公共文化服务这一具体政府行为存在较远的距离，无法提供贴切的研究视角。而基于购买主客体双方的关系和竞争程度总结的独立关系非竞争性购买、独立关系竞争性购买、依赖关系竞争购买以及依赖关系非竞争性购买这四类模式，虽然关照到购买双方的互动关系同时也注重了竞争机制的引入，但对政府购买公共文化服务的效率导向体现不足。

第四节 本书的研究逻辑和方法

本书的核心研究内容是以市场化程度为标准提出政府购买公共文化服务的三种模式，并结合我国发展现状提出建议性模式。研究遵循“逻辑建构—现状梳理—实践解析—经验借鉴—路径建议”的思路展开。研究的逻辑关系如图 1–1 所示。

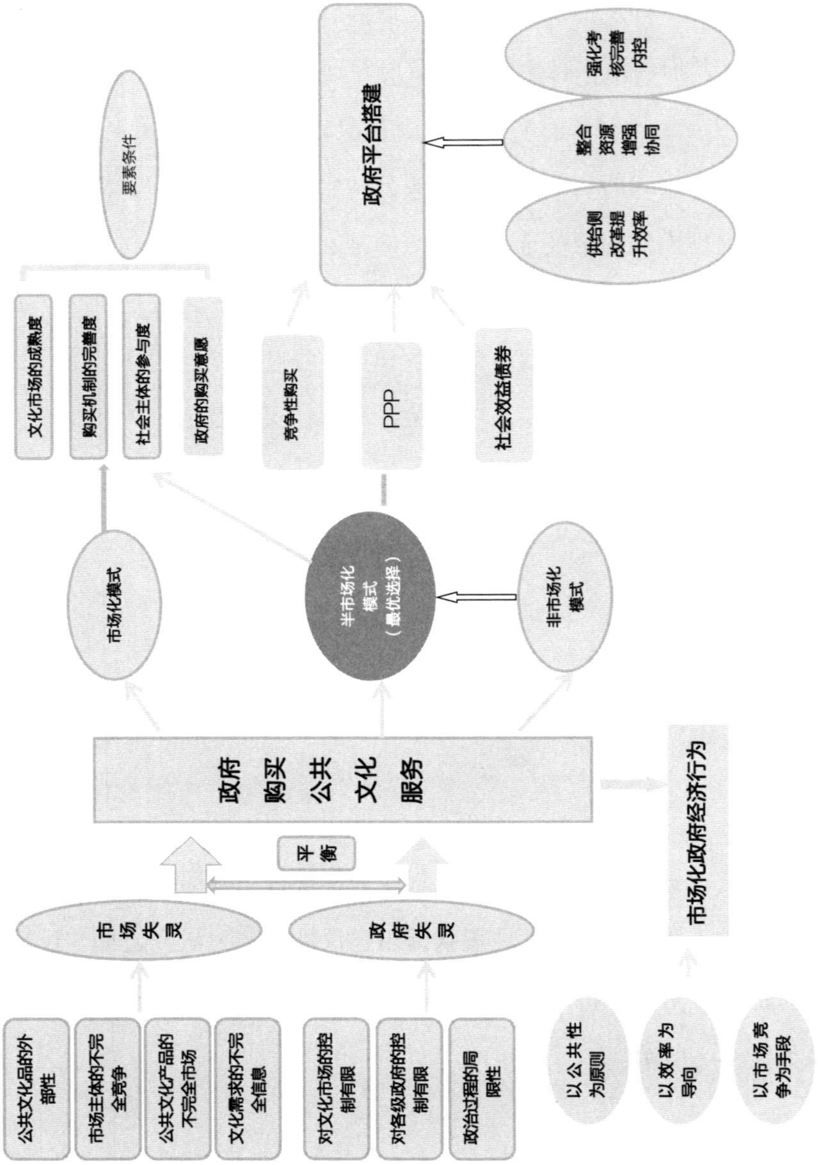
公共文化品的外部性
市场主体的不完全竞争
公共文化产品的不完全市场
文化需求的不完全信息
对文化市场的控制有限
对各级政府的控制有限
政治过程的局限性
市场失灵
政府失灵
平衡
政府购买公共文化服务
以公共性为原则
以效率为导向
以市场竞争为手段
市场化政府经济行为
市场化模式
半市场化模式（最优选择）
非市场化模式
文化市场的成熟度
购买机制的完善度
社会主体的参与度
政府的购买意愿
要素条件
竞争性购买
PPP
社会效益债券
政府平台搭建
供给侧改革提升效率
整合资源增强协同
强化考核完善内控

图 1-1 研究逻辑示意图

在研究方法上，一是注重规范分析与实证分析相结合。规范分析着眼于“应然”，往往围绕价值判断和逻辑建构展开研究，研究重点是定性分析和质化研究。通过规范分析的方式研究政府购买公共文化服务模式“是什么”以及“应该怎样运行”来进行应然的界定，涉及概念解释、理论阐述以及研究意义的阐述等。实证分析的关键是“实然”，相关实证分析针对事物本身进行，通过实际观察来观测、总结、分析最终的运行结果。为了更好地阐释国内政府购买公共文化服务模式的运行情况，本书运用SSP范式对北京市政府购买公共文化服务的实践活动进行了深入分析，并针对性地提出优化政府购买公共文化服务模式的路径。二是注重系统分析与因素分析相结合。系统分析方法是将研究目标看作一个系统，系统内部的各个组成部分以及系统和外界之间都存在着千丝万缕的联系，彼此影响。本书把政府购买公共文化服务当作一个整体来研究，对其运行机制进行深入分析。政府购买公共文化服务是中国政治经济改革的一个子系统，在发展过程中必将不断受到各方面因素的影响，因此本书还通过因素分析法，以北京为例全面分析了影响政府购买公共文化服务的各项要素条件，指出北京市政府购买公共文化服务主客体之间的协同方式，通过对个体案例的分析来观察当前国内政府购买公共文化服务中主要存在的问题和面临的困境。

在创新性上，本书以期达到三个方面突破：一是研究视角创新。目前国内政府购买公共文化服务的系统性归纳和全面研究较少，尤其是对政府购买公共文化服务实践缺乏系统性总结和理论提升。本书以政府购买公共文化服务的效率导向出发，将政府购买公共文化服务定义为一种市场化政府经济行为，为政府购买公共文化服务提供了一个全新的研究视角。二是研究理论创新。本书首次以市场化程度的标准将政府购买公共文化服务划分为市场化模式、半市场化模式、非市场化模式，通过理论研究和实地调研提出半市场化模式是适合中国现实的政府购买模式。通过个案解剖分析地方政府购买公共文化服务具体运行过程中可能出现的问题和风险，并针对性地制定了具有参考价值的路径和解决方案，为推动公共文化服务社会化提供了新的研究路径。三是研究方法创新。本书首次在公共文化服务研究领域运用SSP范式分析北京市政府购买公共文化服务模式，以状态、结构、绩效这条完整的逻辑链来剖析政府购买公共文化服务中存在的不足和问题，为地方政府购买公共文化服务模式选择和流程设计提供了具有一定价值的决策参考。

第二章 政府购买公共文化服务的理论基础和逻辑建构

第一节 理论基础：新公共管理理论、公共产品理论、多中心治理理论

一、逻辑阐述：新公共管理理论

在现代国家，政府通常扮演着双重角色，即“社会福利的提供者”与“经济稳定和增长的主舵手”。政府在社会保障、社会公平、教育平等、文化服务、医疗保健、环境保护等方面依然承担着不可推卸的责任，支配着巨大的社会资源。社会要求政府“花费更少、做得更好”，更有效地使用公共财政资源。对此，政府必须积极从内部管理上挖潜，寻找新的管理理念和管理工具，提升政府的管理能力。西方国家将私营企业优良的管理绩

效和先进的管理方法作为政府进行管理创新的改革选择。1980 年，撒切尔政府推行以缩小政府规模和进行“财政管理创新”为中心的改革，其后的梅杰政府（“公民宪章运动”）和布莱尔政府（“第三条道路”）继续推进政府改革，进一步发挥市场化作用。

新西兰在 1988 年开始以“政府部门法案”为蓝本的改革。加拿大在 1989 年成立“管理发展中心”，并于次年发表题为《加拿大公共服务 2000》的政府改革指导性纲领。美国于 1993 年成立“国家绩效评估委员会”，用来指导政府改革，后于 1998 年更名为“重塑政府国家伙伴委员会”。这些改革的重要特征在于发挥市场机制在公共服务领域中的作用，积极借鉴私营管理的技术和方法，提升政府的管理能力和公共服务能力。于是，西方行政改革的主体指导思想——新公共管理理论诞生了。

新公共管理理论以当代经济学以及私企管理思想与决策作为理论前提。以特德·盖布勒（Ted Gaebler）为代表的“重塑政府”思想、弗里德里希·奥古斯特·冯·哈耶克（Friedrich August von Hayek）等人的“小政府思想”、迈克尔·哈默（Michael Hammer）和詹姆斯·钱皮（James Champy）的“流程再造”理论及马克·霍哲（Marc Holzor）的“绩效管理”思想是其核心内容。

新公共管理理论认为，以往的“理性官僚制”已无法符合知识经济时代的趋势，政府必须实施实质性、目标性的改革，创建全面采纳政府科层制平台、市场制度、社会自治平台的全新公共服务制度。以私企的优秀管理方法论为指导，围绕怎样在政府管理中引进私企的优秀管理决策着手对市场和政府的联系实施再定位。政府“角色”必须从“划桨”转变成“掌舵”；建立“大社会小政府”；政府的决策编制“引导者”以及“监管层”

的角色界定；把私企竞争制度融入公共事务管理环节，以期提升行政效率，缩减行政成本；倡导“公私配合”，重新建立公共机构以及私企的互动制度，鼓励文化类社会组织介入公共服务供给领域，最终实现公共文化服务的多元化供给，同时提升公共服务供给的收益与质量，满足公众对公共服务的多元化需要。新公共管理理论倡导政府改革管理的平台多样化以及公共化管理方式的企业化，认为政府机构不再是公共服务与物品的特殊给予者，而应转变为公共事务的推动者以及监管者。

新公共管理理论在西方各国日趋流行的同时，也遭受到许多批评和指责，主要有以下几方面。❶

第一，新公共管理理论无视公营部门与私营部门的根本差别，盲目采用私营部门的管理方法，但两者在根本目标上并不相同，前者是提供公共服务，后者则以利润为最终目的。❷

第二，新公共管理理论用经济学的眼光看待公共服务的供给，这是不适当的，把政府与公众的关系完全等同于供方与顾客的市场关系，实际上是把前者简单化。因为相对于政府来说，公众具有彼此冲突的双重角色，他们既是享受政府服务的“顾客”，又是作为政府税收来源的纳税人。一方面，他们要求政府提供更多的服务，另一方面又抱怨自己交的税太多。❸

第三，新公共管理理论强调对产出或绩效目标进行精确的界定、测量和评估，但政府的许多服务项目，其产出、成本以及绩效都是难以量化

❶ 万晨阳．浅析新浪微博的“娱乐至死”问题：基于哈贝马斯的公共领域理论[J]. 人文天下，2020（10）：41–43.

❷ 金太军．新公共管理：当代西方公共行政的新趋势[J]. 国外社会科学，1997（5）：21–25.

❸ 同❷.

的，因而也就难以准确测量和评估。[1]

第四，新公共管理理论主张公营部门私有化，实际上是放弃政府公共服务职能，逃避提供社会福利的责任。[2]

第五，新公共理论强调目标管理、绩效管理，实际上是一种“新泰勒主义”。[3]原因是新公共管理理论关于管理的认识，在很大程度上与科学管理关于管理的认识具有一致性，如两者都强调管理的标准化、层级式的管理结构等。由于管理主义强调对政府支出的控制、目标管理以及绩效测量体系等，波利特发现了新管理模式中的管理哲学，对它批评并将新管理主义称为“新泰勒主义”，他认为管理主义代表了弗雷德里克·泰勒（Frederick Taylor）的科学管理思想的回归。

第六，新公共管理理论主张对高级文官实行政治任命，以加强对他们的政治控制，破坏了传统的文官政治中立原则，在一定程度上会导致政治上的腐败和滥用职权。[4]

第七，新公共管理强调的所谓“顾客导向”、长期计划和预算总量控制很难付诸实施。[5]

尽管新公共管理受到了各种指责和批评，但在西方公共行政领域，其已成为一种不可逆转的时代潮流。新公共管理既是西方特定的社会、政治、经济条件的产物，又在一定程度上凸显出公共行政发展的规律和趋

---

[1] 金太军．新公共管理：当代西方公共行政的新趋势 [J]. 国外社会科学，1997（5）：21-25.
[2] 同[1].
[3] 同[1].
[4] 同[1].
[5] 同[1].

势，因而对我国行政管理的理论和实践具有一些可供借鉴之处。❶

第一，新公共管理理论调整政府与社会、市场之间的关系，将竞争机制引入政府公共服务领域，如实行“政府业务合同出租”“竞争性招标”，鼓励私人投资和经营公共服务行业，打破政府的垄断，提高了公共服务的效率和质量，同时也缓解了政府财政困难。我国在公共服务领域特别是基础设施行业长期存在着因资金短缺而造成的“基础瓶颈”的状况，严重制约了国民经济的整体发展和市场机制的有效运作。因此，可以借鉴西方的做法，在加强“产业管制”的同时，在一定范围内允许和鼓励非国有产权进入这些领域与国有产权合作或单独投资和经营，这有利于形成公共服务供给的竞争机制和压力结构，提高其经济效益和社会效益。❷

第二，新公共管理注重遵守既定的法律和规章制度，向注重实际工作绩效，特别是顾客（社会公众）的满意程度方向发展。这应被视为西方公共行政管理和人事管理更为成熟的一种标志。当然，在我国现阶段公共行政管理和人事管理面临的主要问题和当务之急是建立和健全一整套行政法规和人事法规（如制订《国家公务员法》），并保证这些法律法规的贯彻落实，实现行政管理和人事管理的法制化。❸

第三，新公共管理把一些科学的企业管理方法，如目标管理、绩效评估、成本核算等引入公共行政领域，对提高政府工作效率是有促进作用的。尽管公共行政管理与企业管理、公有部门与私有部门在各自的目的、对象和方法上均有种种差异，完全采用企业管理特别是私营的管理方法来

---

❶ 金太军．新公共管理：当代西方公共行政的新趋势[J]．国外社会科学，1997（5）：21–25.

❷ 同❶.

❸ 同❶.

实施公共行政管理并不可行，但企业管理特别是私营企业管理重视效率、重视产出、重视管理的科学性、重视市场需求和顾客的反馈，这些方面则可为公共行政管理包括中国公共行政管理所借鉴。❶

最后，有必要指出的是，即使是同为发达资本主义国家的欧美各国，由于历史条件、文化传统等方面的不同，其实行新公共管理的进程、速度、重点及所采取的具体措施均各有特点。我国是社会主义国家，在借鉴其做法和经验时，更应立足国情，走“内生化发展的道路”，简单地照抄照搬，无益于有中国特色的社会主义公共行政管理体制和公务员制度的建立和完善。❷

新公共管理理论为政府购买公共文化服务行为提供了逻辑前提和基础。政府购买公共文化服务不仅仅是减缓政府财政投资欠缺的暂时性、辅助性方案，而且是囊括公共治理全环节的制度性安排，完成公共管理宗旨变革的重要创举。政府的角色应是决策编制而不是具体实施，政府承担公共文化服务供给的职责但无须由政府自己生产，公共文化服务的具体实施可以交由文化类社会组织负责。政府直接提供公共文化服务往往成本高而质量劣，其问题的本质并不在于私营或者公营，而在于竞争还是垄断。垄断产生的效率通常劣于竞争。而长期以来政府都是以垄断供给公共文化服务。政府向社会力量购买公共文化服务，有利于引入竞争机制，鼓励公共文化机构和非政府组织、企业的竞争，提高公共文化服务的供给品质。以政府购买的形式提供公共文化服务，实现公共文化服务供给的有效竞争，

❶ 金太军．新公共管理：当代西方公共行政的新趋势 [J]. 国外社会科学，1997（5）：21–25.

❷ 同❶.

将成为建设服务型政府的重要方式。新公共管理理论为政府购买公共文化服务打开了大门。

二、工具阐述：公共产品理论

公共产品理论作为新政治经济学的基础理论，致力于探讨解决政府与市场关系、政府职能转变、建立公共财政收支、公共服务市场化等重要问题。关于公共产品的供给理论，学界经历了多个阶段的探索：从公共产品政府供给理论、公共产品市场供给理论到多元协同供给理论，公共产品理论在实践中日益完善成熟。

公共产品政府供给理论强调政府必须承担公共产品供给的责任。英国学者阿瑟·塞西尔·庇古（Arthur Cecil Pigou）创建的福利经济学倡导政府供给公共物品。他从外在性、规模收益以及社会公平等方面对政府供给公共产品的必要性进行了详细阐述。保罗·A. 萨缪尔森则把公共产品的属性归纳成非排斥性以及非竞争性，强调要想使得公共产品实现帕累托最佳水平，必须通过政府干预。

公共产品市场化供给理论并不主张政府作为单一提供方供给公共产品，而是证实了公共产品由私营部门供给的可操作性。罗纳德·科斯（Ronald Coase）经过对英国灯塔的证实研究，发现作为公共产品的灯塔是可以由政府和私营部门共同经营的，颠覆了政府公共产品唯一供给者的传统思维定式。公共选择学派的布坎南等学者依据理性人的设想研究政府供给公共服务的行为，促使人们意识到政府和市场主体类似，仍然是由寻求利益最大化的人群构成的，政府在供给公共产品时的缺陷和弊端与市场有相似性，因此赞同把竞争机制引入公共产品供给体系中。

而公共产品多元协同供给理论则强调公共产品供给的核心不应该仅注重政府部门和市场主体，而应该最大范围地丰富供给主体。受公共产品多元协同供给理论的指导，社会主体成为公共产品供给的核心动力，逐渐形成了公共产品供给的多元化格局。公共产品供给理论由政府主导的供给方式不断转变成政府、市场、社会共同参与的多元供给模式，不仅适应了时代的发展，也符合公众自我服务的心理。

公共产品理论对中国改革的实践有很强的解释力和借鉴作用，由于中国长期实行计划经济，没有买方市场，大量产品有公共产品的特征，效率低下，阻碍了经济发展。1992 年中央宣布逐渐建立和完善市场经济以后，这一状况得到了改善。但是“什么是政府应该管的，什么是应该由市场内在运行解决的”以及“政府如何才能管好”依然是一个重要持久的课题。从广义上讲，“制度”“政策”也是公共产品，在中国过渡转型时期，运用公共产品理论分析制度变迁，分析市场与“公共选择”两种资源配置方式，尤其是对政府行为边界及其公共产品生产效率进行研究有很强的现实意义。改革作为一个制度变迁过程本身就是公共选择的结果。政府购买公共文化服务恰恰是对于政府单一供给模式的发展与改革，把市场和社会引入公共文化服务供给领域，将公共产品多元协同供给理论付诸行动。

三、依据阐述：公共治理理论

以多元包容、合作共享为核心要义的“治理”理念已经代替强调政府权威的“管理”概念成为公共管理领域的发展趋势。公共治理的理论基础是制度和网络理论。制度理论强调利用规范性基础来提高效率、赋予合法性，网络理论强调利用关系和信任来分配资源。公共治理的价值内涵以多元价值的竞争共存为基础，在此基础上构建的系统是具有多元主体的开放式网络结构。这一理论与公共文化服务相结合，诞生了文化治理理念。公共文化服务领域的治理理论可以从以下三个层面来理解。

从社会功能来看，公共文化服务是实现文化治理的重要方式。除了满足公民的文化需求这一基本目的，公共文化服务更重要的一个功能就是通过文化内容的传播构建公民的文化认同感，培育公民精神，实现社会整合。在此基础上，以说服、协商和认同为话语体系的现代治理体系才得以构建。

从供给体系来看，公共文化服务通过多中心治理实现有效供给。与其他众多公共服务一样，政府早已不再是唯一的供给者。政府扮演的主导性角色从服务供给主体转变为协调机制、合作网络的构建主体。一方面，政府需要为有能力、有意愿提供公共文化服务的各类市场机构、非政府文化组织营造良好的生存环境，鼓励社会力量的投资和捐赠，利用合作与竞争机制实现公共文化服务的优化供给。另一方面，各级政府需要从区域协调发展的角度，充分利用现代技术和管理科学促进公共文化资源在区域间的流动共享，实现区域间的共同治理，从而改善地区间公共文化服务不均衡问题。

从协调机制来看，公共文化服务依赖于政府治理体系的建构。一方面，公共文化服务的提供需要政府内部不同部门间的资源整合和功能联动，包括文化与旅游部、财政部、科学技术部等。另一方面，治理体系十分强调公民个人的意见表达和决策参与，这也是构建“服务型政府”的要求，因此，政府需要搭建公民的参与渠道，将公共文化服务生产和配置中的话语权让渡给公民，实现文化的自治。

公共治理理论为政府购买公共文化服务提供了制度选择的依据，政府促进社会各主体有序参与公共文化服务建设的过程也是构建公共文化服务多中心治理体系的过程，在此过程中出现的问题也可运用文化治理的理念进行更加透彻的分析。

第二节 逻辑建构：市场失灵与政府失灵的平衡

市场经济是由市场来配置社会资源的经济运行方式。在市场体制下，社会资源的分配是通过价格制度的影响和作用来实现的。然而市场调节与价格制度彼此作用需要有相应的基础条件，市场自身并非万能的，在实践过程中市场失灵现象几乎无可避免。

市场失灵往往是政府干预的前提。布坎南认为，“市场失效的理论普遍被当作是为政治以及政府干预作辩护的凭证”。[1] 在实践当中，政府合理干预从而纠正了市场失灵、维护市场有效运转的情况凤毛麟角，政府干预呈现普遍性的效率低下甚至出现反作用。政府干预的界限、力度和方式恰当与否难以拿捏，政府干预的力度与界限超越了克服“市场失灵”以及维

---

[1] 姆斯·M.布坎南.自由、市场和国家 [M].吴良健，桑伍，曾获，译.北京：北京经济学院出版社，1988：13.

护市场制度有效运作的合理需求，或干预的目标不吻合，模式选择失效，结果非但无法改变市场失灵现状，反而影响到市场制度的有效运行。政府干涉在某种层面上制约了市场制度对于资源配置的根本性功能，政府失灵由此产生。市场失灵和政府失灵是两种恒定的常态，对两种失灵进行干预实现市场的优化、政府的高效也是政治学、经济学、管理学理论研究永恒的命题。在我国公共文化产品供给领域，市场失灵和政府失灵同样存在。

一、市场失灵的归因分析

（一）市场失灵的原因

市场失灵是指市场无法有效地配置经济资源，但有效配置经济资源具有特定的含义。在经济资源的配置环节中，生产者可以按极小的成本生产社会最急需的商品，同时以最小成本创造出最佳的产量，顾客以类似于完全成本的最小生产成本采购产品，唯有在此环境下，经济资源的分配才会产生效果。[1]公共文化产品的市场失灵往往由公共文化产品的外部性、市场主体的不完全竞争、公共文化产品的不完全市场以及文化需求不完全信息四个因素导致。

1. 公共文化产品的外部性

公共产品根据其属性分为纯公共产品和准公共产品两种，从内容而言，不仅包括公共物质产品，也包括各种公共服务。纯公共产品是全体社会统一消费的商品，在消费环节中具备非竞争性以及非排他性，每个人对

---

[1] 胡代光，高鸿业．现代西方经济学辞典 [M]. 北京：中国社会科学出版社，1996：74.

于商品的消费都不影响其他人对它实施相同的消费。非竞争性是指边际成本为零，在消费上没有竞争性，属于利益共享的产品。每增加一个顾客参与消费对生产者来说不会造成边际成本，诸如增加一位电视观众不会造成电视信号发射成本的增加。且纯公共产品的边际拥挤成本为零，每个消费者的消费都不影响其他消费者的消费数量和质量。比如国防、外交、司法这一类公共产品，增加消费者不会减少任何一个消费者的消费量，增加消费者也不增加该产品的成本耗费。非排他性是指公共产品被社会共同消费，无法被群体或个人独享或垄断。如清除空气、噪音污染等环境保护服务，如果要排斥这一区域的某人享受新鲜空气和安静的环境则无法实现。

而准公共产品除了具有公共属性之外，也具有一部分私人产品的属性。准公共产品具有公共产品非竞争性，但同时也具有私人产品的排他性。如公园、影院等，在没有超过一定人数的条件消费者条件下，消费者的增多并不会影响原有消费者的效用水平，消费体现出非竞争性；但公园可设置围墙栏杆或者出售门票，其消费也具有排他性。在公共文化产品领域，既包括广播、电视这类纯公共产品，也包括博物馆、图书馆、书刊、演出等准公共文化产品。

外部性是指在生产或消费过程中，主体的活动对其他旁观者产生了影响。这种影响或者有益或者有害，但都不是生产者或消费者本人的意愿，而是一种“非市场性”的附带影响。如教育和文化，完善的教育系统和良好的文化氛围所培育出的人才将对整个社会建设做出贡献，这对全社会都是有益的。但外部性所产生的“搭便车”现象使得经济主体无法得到与成本相应的收效，造成社会脱离最有效的生产状态，使市场机制不能充分实现优化资源配置的功能。

由于公共产品的特殊属性以及其外部性效应，因此市场机制不适用于公共产品供应，公共产品主要由政府通过征税获得收入来组织生产和供应。公共文化产品的供应也是如此。

2. 市场主体的不完全竞争

竞争失灵意味着市场的基本手段已经失效。福利经济学第一基本定理认为，只有在特定的环境或条件下，经济才会达到帕累托效率。只有在完全竞争市场才可能实现帕累托效率。在完全竞争市场中，必须有数量足够多的企业，而每家企业都不会影响价格，只存在一家企业供应市场时，称之为垄断；有几家企业供应市场时，为寡头垄断；即使有许多家企业，每家也可能生产稍有差别的产品，但是每家企业对需求仍有影响，也是垄断竞争。因此，每家企业都很小，以至于无法影响价格这种完全竞争是理想化状态。在公共文化产品的市场竞争中，国有文化企业和院团是主体，呈现的是垄断竞争状态。

3. 公共文化产品的不完全市场

完全市场可以提供所有的公共文化产品和服务，而且提供的成本会低于个人的支付意愿。如果私人市场不能提供公共文化产品和服务，即使政府提供的成本低于个人支付意愿，但这仍然是不完全市场，市场失灵也会存在。由于公共文化产品的自身属性，私人市场投入公共文化产品的生产和提供意愿不足。

4. 文化需求的不完全信息

文化需求不同于其他生理性需求，具有复杂的心理特征，往往受到年龄、性别、地域、经济状况、成长环境、教育背景、审美品位、时间等众多因素的制约，所反映出的无规律性和多变性使得文化需求信息难以被掌握和分析。此外，信息往往是一种公共产品，市场主体难以通过市场消费行为获得完全的信息。

（二）市场失灵的形态

市场失灵往往表示出供给不足和消费不足两种形态，而供给不足和消费不足通常是由于供给方和需求方的缺陷导致的。从供需双方的缺陷来分析公共文化产品的市场失灵可以提供更为清晰的研究思路。

1. 供给方缺陷

唐纳德·凯特尔认为，由私人供应商或市场本身的结构导致了供给方缺陷供，包括“一个市场是否为政府想购买的物品和服务而存在；卖方之间为了政府业务而展开竞争的水平；外部因素的性质或负效应”[1]。由于政府不合理规制措施或者进入市场的技术难度等原因，一方面阻碍了潜在供应商进入公共服务领域，另一方面严重遏制了市场内部的竞争，导致供给方之间竞争水平较低，使得公共服务市场容易被寡头或少数供应商所把持，最终引发公共服务市场新的垄断问题。[2]就我国公共文化服务市场而言，绝大多数供给方与政府有着千丝万缕的关系，甚至是政府的直接代表，供给方的竞争动力严重不足。要将竞争机制引入公共文化服务领域，就需要打破过去政府（或者政府代理人）单一提供公共文化服务的垄断模式，让充足的、与政府不具有依附关系的供应方进入市场。而在公共文化

---

❶ 唐纳德·凯特尔．权力共享：公共治理与私人市场 [M]. 孙迎春，译．北京：北京大学出版社，2009：146–148.

❷ 王树云，胡云海．我国公共服务市场化约束条件与保障机制研究 [J]. 中国海洋大学学报（哲学社会科学版），2013（4）：33–37.

服务外包中也容易产生特殊的外部性成本，如供应方忽视特殊群体文化权益等负外部性问题，以及公共文化服务市场主体之间沟通不畅导致产生额外高额协调成本。

2. 需求方缺陷

需求方缺陷主要表现在以下三点：一是由于缺少信息反馈渠道或供给方故意隐瞒信息等原因的制约，政府无法对公众文化需求和供给方提供的公共文化服务质量作出全面和综合的判断，决策能力和水平有限；二是政府受限于信息不对称和服务外包的复杂性，对服务外包项目难以实现全程有效监管；三是多重代理导致价值目标错位，合同的激励机制驱使承包商不仅要迎合合同所设定的目标，还要迎合确定承包商是否完成目标的政府官员，而忽视公众的真实需求和社会公平。[1]

二、政府失灵的归因分析

市场失灵引起了政府的深刻反思，也为政府广泛而积极地干预经济与社会事务提供了依据。经济学的集大成者保罗·A. 萨缪尔森强调："资本主义制度在四个重点上同他们的关于社会最优的说法相违背，不适当的收入分配，不完全竞争，外部经济效果，以及宏观经济的不稳定性。"日本学者金泽良雄认为干预是"以人为的政策来变更和修改经济循环过程为自身目的"的行动[2]。政府干预只是手段，其目的是辅助市场机制对资源配置起

[1] 王树云，胡云海. 我国公共服务市场化约束条件与保障机制研究 [J]. 中国海洋大学学报（哲学社会科学版），2013（4）：33-37.

[2] 金泽良雄. 经济法概论 [M]. 满达人，译. 兰州：甘肃人民出版社，1985：50-63.

到基础性作用，以实现资源高效配置。干预是一种意志的渗透状态和对社会事物的强行改变。在对市场失灵需要进行政府干预形成普遍认同后，政府干预成为常态。

但是，问题在于政府干预的有效性只是基于逻辑推理和情景阐述，与政府决策的实际效果差异巨大。将政府干预理想化与市场理想运行是一个道理，然而事实上，市场失灵是常态。政府干预的目的是维护市场秩序，“以矫正或改善市场机制内在的问题为目的”，让“看得见的手”对经济运行过程发生影响，最大限度地避免市场失灵或弥补市场失灵带来的损失，提高资源配置的效率，促进经济的协调发展，以及促进市场秩序的有序化和组织化。[1]但是实践证明，政府也会经常出现系统性失灵。导致政府失灵的原因通常在于以下几方面。

（一）对文化市场的控制有限

市场运行有其固有规律，是一双“看不见的手”。因此政府对文化市场的总体控制力有限，尤其对市场效率的控制更为有限。

（二）对政府机构的控制有限

公共服务市场化改革本质上是通过引入新的公共服务供给主体、公共服务的生产方式，形成一个由政府部门、私营部门和第三部门组成的复杂的公共服务供给体系。但是，相对于过去政府单一的体制而言，多元化的公共服务体系在整合资源，提高服务效率、质量及降低服务成本同时，也

---

[1] 钱冰．政府规制与工商行政管理 [N]. 中国工商报，2006-10-10（4）.

面临着各供给主体之间协调所带来的高额成本等问题。许多单一的公共服务往往需要两个或两个以上的部门或组织提供。但是，由于各组织间的责任边界模糊，导致相互推诿，协调困难，最终不但无法发挥各自优势，而且额外增加了大量协调成本，陷入公共服务碎片化供给困境。[1]

（三）政治过程的局限性

政府难以预测行为的复杂结果，缺乏公共服务所需的信息，如公共文化需求的真实信息。即使政府对所有可能的行为结果拥有完全信息，通过政治过程进行行动决策，还有受限于政府的财力和人力、公众对公共文化服务供给的惯性思维等复杂因素。

综上，鉴于市场失灵和政府失灵的双重弊端，政府通过一种折中的方式去平衡市场完全供给与政府直接供应之间的矛盾——引入竞争机制，通过契约购买的方式实现由政府提供公共文化服务，而由市场生产公共文化产品，从而提升公共文化服务供给的效率。政府购买公共文化服务不仅构建了一个包括服务卖方（文化类社会组织或企业）、买方（政府）和接受服务者（服务对象）的三方市场，也重新定义了这三方在公共文化服务领域中的角色和功能。这种准市场的运行模式几乎彻底改变了公共文化服务传统的传输方式和途径，重新塑造了政府和文化类社会组织及企业在公共文化服务领域中的角色以及二者之间的关系，并在很大程度上能够同时避免“政府失灵”和“志愿失灵”问题。

---

[1] 王树云，胡云海．我国公共服务市场化约束条件与保障机制研究 [J]. 中国海洋大学学报（哲学社会科学版），2013（4）：33-37.

政府购买公共文化服务是一种工具性的私有化，但绝非是社会福利的私有化。政府购买公共文化服务是为了更好实现政府对公共文化责任的承担，通过引入市场机制激励文化类社会组织和企业发挥公共文化服务的效率、创新和专业能力。因此，在政府购买服务的发展过程中，要注意防止把工具异化为目的，把手段异化为目标。[1]

第三节　行为定位：一种市场化政府经济行为

对政府购买公共文化服务行为的定位，需要建立在对公共产品生产和提供两个概念的认知基础上。保罗·A. 萨缪尔森认为，公共产品的提供与生产密不可分，合为一体。民营化的倡导者 E.S. 萨瓦斯认为，公共产品的提供与生产是可以相互区别的。而奥斯特罗姆认为，公共产品的提供与生产可以多元主体合作。由此可见，公共产品的提供和生产是两个不同的概念，有着显著区别。提供指的是谁为产品付款以供人们消费，即产品的成本补偿；生产是指产品组织生产的方式，由谁来从事产品的具体生产。提供者和生产者可以是同一个单位或机构，也可以不是。[2] 公共服务的提供与生产也是有区别的。政府提供公共文化服务，但并不意味着政府直接生

---

[1] 吴帆，周镇忠，刘叶．政府购买服务的美国经验及其对中国的借鉴意义：基于对一个公共服务个案的观察 [J]. 公共行政评论，2016（5）：56-58.

[2] 丰云．“效率改进”：公共服务市场化改革的理论阐释与实践逻辑 [J]. 天津行政学院学报，2012（5）：76-79.

产公共文化服务。公共文化服务的生产主体可以呈现多元化趋势，政府、市场主体、文化类社会组织都可以成为公共文化服务的生产者和提供者。[1]

政府购买公共文化服务的行为本质上是一种市场化的政府经济行为。这种行为是政府经济行为市场化的产物，是以实现政府公共文化服务职能为目的和内容、以市场行为为形式的政府经济行为。

市场化政府经济行为通常具有以下特征：目的具有公共政策性、功能具有财产供给性、手段具有市场性、主体结构具有特定性、意思表示具有政府主导性、适用范围具有限定性及法律适用具有综合性。[2]

目的具有公共政策性：政府行为必然以公共政策性为导向，结合政府行为与市场行为，在以公共利益为主要目标的前提下兼顾营利性目标。对政府购买公共文化服务这一行为而言，提高公共文化服务供给效率是主要目标，而政府通常会选择价廉物美的承接方，实现政府公共财政资金“营利”的最大化。

功能具有财产供给性：政府购买公共文化服务在一定意义上是政府供给财产的行为。政府源源不断地创造服务、合同、专营权和特许权，并按照其规定的条件进行分配，并由符合公共利益的主体承接。无论是企业还是文化类社会组织参与政府购买，都获得了政府的财产供给。

手段具有市场性：政府实现公共政策目标需要考虑成本和收益。市场行为的优势在于通过价格、竞争机制来追求效率。利用市场机制实施政府经济行为，有助于提高公共政策目标的实现效率。

---

[1] 丰云．“效率改进”：公共服务市场化改革的理论阐释与实践逻辑 [J]. 天津行政学院学报，2012(5)：76–79.

[2] 管彬．市场化政府经济行为及其法律规制 [D]. 长沙：湖南大学，2007：167–169.

主体结构具有特定性：作为一种政府行为，政府及其机构必然作为特殊的市场主体和规制主体双重身份出现。其相对人一般是市场主体或社会组织，特殊情况下也可能是政府主体，如公益二类事业单位承接政府购买公共文化服务项目。

意思表示具有政府主导性：市场化政府经济行为的开展必须在政府和相对人都同意的情况下方可运行，但政府主体的意思表示虽然一定程度上受到相对人的制约，但是政府仍占主导地位。

适用范围具有限定性：市场化政府经济行为是基于以市场机制弥补政府失灵而产生的，因此不能无条件适用。但是由于政府在公共文化服务领域不断扩大与政府供给能力不断下降的双重压力之下，为了缓解政府财政压力，市场化政府经济行为在实践中有不断扩大的趋势。适用范围的任意扩大不仅无法弥补政府失灵，反而会造成政府失灵和市场失灵的双重风险，因此对其适用范围必须实行法定原则。

法律适用具有综合性：由于具有政府主体和市场主体双重属性，因此市场化政府行为涉及经济、社会、政治多个领域，法律适用的范围也较为综合复杂，如宪法、民商法、行政法、经济法等多个法律部门的规范。

在现代市场经济体制中，市场化政府经济行为是利用市场机制弥补政府缺陷的主要形式，是市场与政府共生的典型状态。通过引入市场机制，采取市场化的治理方式来维持或模仿市场机制来优化资源配置，克服外部性、不完全竞争等负面影响的手段，弱化传统政府行为的强制性与专横性，柔化政府行政行为，推动市场主体积极参与政府治理行为，从而强化政府公共文化服务能力，促进公共文化产品供给效率的提高。

第一，节约公共文化服务成本。较为成熟的公共文化服务市场必将引入市场机制，充分接纳其他主体参与竞争，注重服务的成本核算。市场主体往往比政府更有动力和积极性合理安排规模，追求供需平衡。因此市场成本往往低于政府成本，这也将倒逼政府接受和尊重公共文化服务市场化规律，最大限度节约公共文化服务成本。

第二，提升公共文化服务质量。政府垄断容易漠视服务质量。而市场具有最灵敏的嗅觉，能准确感知公众需求的变化，有利于实现公共文化服务个性化、人性化、便捷化。公共文化服务市场化成为政府改进公共文化服务的动力。

第三，形成多元治理格局。公共文化服务理想的供给模式应是政府、市场、社会和公众共同参与。政府应担负社会兜底的职能，解决市场无法完成的公共文化产品供给。政府与市场合作，意味着市场可以从纯粹私人物品提供者转变为公共文化服务提供者，公共文化服务市场化可以推动政府职能转变。现代文化治理体系要求政府与社会协同，实现公共文化服务多元合作、多元供给。市场参与到公共文化服务中，推动政府提升市场意识、公众意识和参与意识，文化类社会组织也能得到成长和发展的空间。市场、社会和公众的成熟，是完善现代化文化治理体系、提高现代化文化治理能力的根本元素。[1]

鉴于市场化政府经济行为的特质，政府购买公共文化服务必须符合以下三个特征。

---

[1] 沈荣华．公共服务市场化反思 [J]. 苏州大学学报（哲学社会科学版），2016（1）：38-42.

一、以公共性为原则

公共性是公共文化服务的首要属性。公共文化服务市场化必须坚守公平正义的底线。“效率不是公共文化服务的最高价值追求，公平正义才是公共文化服务的目标。过分强调效率、效能，会损害公平与正义，最终抵消政府的合法性。政府坚守基本公共文化服务职能，坚持政府应有的责任，扩大市场服务边界，这是公共文化服务市场化最公平的内涵。”[1]“制度的核心是政府只将推行公共文化服务的供给过程推向市场，而不是将政府公共文化服务的责任推向市场，一个将所有服务都承包出去的政府就是一个惰性的、不能履行其职能的政府。”[2]

二、以效率为导向

效率虽然不是政府购买公共文化服务的价值追求，但却是重要导向。不以效率为导向的经济行为丧失了市场化的必要性，牺牲了效率的经济行为没有实质意义。公共文化服务市场化的本质是通过引入竞争机制，提升政府部门的效率，实现公共文化服务的最佳供给和公共文化资源的有效配置，从而提升全社会公共文化服务的供给水平，增加公众的文化福祉。从实践看，效率低下是目前政府购买公共文化服务的最大症结。

---

[1] 沈荣华．公共服务市场化反思 [J]. 苏州大学学报（哲学社会科学版），2016（1）：38-42.

[2] 罗纳德·奥克森．治理地方公共经济 [M]. 万鹏飞，译．北京：北京大学出版社，2005：78-81.

三、以市场竞争为手段

竞争机制是迄今为止最具效率的配置手段，市场上“不承认任何别的权威，只承认竞争的权威”[1]。竞争性是公共文化服务市场化的核心内涵。以前的问题“不在于公营对私营，而在于竞争对垄断”[2]。正如美国学者詹姆士·Q. 威尔逊（James Q.wilson）所说：“任何组织，不管是政府的还是私人的，一旦具有垄断性，就会缺乏强烈刺激去提供它的服务对象所期望的服务。”[3]政府购买公共文化服务的核心是要最大限度地实现市场竞争，通过竞争有效配置资源、提升政府购买的效率。

❶ 马克思 . 资本论（第 1 卷）[M]. 北京：人民出版社，1972：68–71.

❷ 戴维·奥斯本，特勒·盖布勒 . 改革政府：企业精神如何改革着公营部门 [M]. 周敦仁，译 . 上海：上海译文出版社，1996：178–179.

❸ 詹姆士·Q. 威尔逊 . 美国官僚政治 [M]. 张海涛，等译 . 北京：中国社会科学出版社，1995：419–430.

第三章　政府购买公共文化服务的要素条件及模式分类

第一节　政府购买公共文化服务的要素条件

政府购买公共文化服务实质上是要解决“谁来买、向谁买、买什么、怎么买”的问题。政府购买公共文化服务作为一种市场化政府经济行为，其有效性需要满足四个条件：一是政府强烈的购买意愿；二是恰当的社会参与主体；三是成熟的文化消费市场；四是完善的政府购买机制。

一、政府强烈的购买意愿

政府作为采购方，其所具备的强烈的购买意愿是政府购买公共文化服务得以顺利开展的前提。政府购买公共文化服务实质上是一种政策工具，为了弥补政府供给公共文化服务效能不足，通过向社会主体购买的模式丰富公共文化服务供给，提升政府公共文化服务财政投资效率。

政府是否具有强烈的购买意愿取决于两个因素：第一，政府是否具备购买公共文化服务的能力。这与政府的财力、政府对公共文化服务的投入力度息息相关。在公共文化服务经费有限的情况下，政府为节省行政成本会倾向于沿用传统的供给方式，购买意愿会显著减弱。第二，政府是否具有改善公共文化服务供给的意识。在政府无法完成充足供给的情况下，是否具有引入社会力量改善公共文化服务供给方式的意愿。这种意愿既是政府担当和责任的体现，也是转变管理方式的路径。

而从政府供给公共文化服务的实践来说，中央政府和地方政府的购买意愿通常无法实现同频共振。中央和地方财事权的分配、地方财力的保障和实施操作中的具体困难，都会使政府购买公共文化服务的意愿在不同行政层级、不同地区中出现不一致甚至强烈冲突。“谁来买”是政府购买公共文化服务的前提。解决“谁来买”的问题，厘清政府购买的主体范围只是基础，更重要的是如何提振政府购买公共文化服务的意愿。

二、恰当的社会参与主体

“向谁买”是政府购买公共文化服务的对象。恰当的社会主体参与是政府购买行为得以顺利开展的基础。“恰当”意味着在数量和质量上对参与政府购买的社会参与主体有所要求。

承接政府购买的主体通常为企事业单位、文化类社会组织。公共文化服务承担着文化引领和社会价值观培育的重要使命，所以有别于其他公共服务，政府对于社会参与主体的考量往往更看重社会效益的实现。从机会公平方面看，企业与文化类社会组织并没有差异，然而其相异的属性促使其在承担服务类别上差异明显。企业的核心宗旨是利益的最大化，以营利为目标导向。而公共文化服务承担着国民文化教育、传承和弘扬传统文化、培育社会主义核心价值观等社会责任，无法简单地以经济指标来考评，还需要考虑到公平、平等、均衡发展等多方面问题。企业在提供公共文化服务的过程中，若遇到经济效益与社会效益相矛盾的情况，会倾向于以经济利益为先。企业认为政府购买没有利润空间，会倾向于缩减服务质量来应付，最终造成服务品质的下降，公众的公共文化权益将受到损害。而文化类社会组织不以营利为目的，其运营宗旨并非是收益最优化，而是实现其专业性发展和公益性职责。政府与文化类社会组织的宗旨更为相似。因此文化类社会组织提供公共文化服务，更有利于确保服务品质。对于企业而言，经济效益较为显著的公共文化产品和服务，诸如公共设备安保、硬件装置维护、图书、电影、电视、演出等更为适宜，政府作为文化产品市场的消费者之一，使用市场手段完成购买，企业的经济效益可以得到充分保障；而对于文化类社会组织而言，更加适合对经济效益要求不高，注重服务价值的服务项目，诸如文化活动组织、文化馆站运营提供等软承接方面。文化类社会组织既能分担政府供给公共文化服务的责任，也能担当政府的一些公共文化管理。当文化类社会组织将政府公共文化管理的职能按民间自治、行业约束自律的模式承担下来的时候，将会成为政府公共文化管理的重要支撑与政府制度创新的动力，在政府职能转变中产生积极的推动作用。文化类社会组织既能介入文化馆、博物馆等公共文化设施的运营，又能灵活整合社会文化资源开展文化活动，以公益慈善、邀约社会人才、运营社会媒介等方式，积极调动社会各界的资源为公共文化服务提供支持。

根据民政部《2015 年社会服务发展统计公报》的相关数据分析，截至 2015 年年底，全国共有社会组织 66.2 万个，其中文化类社会组织 3.3 万个。为了培育文化类社会组织的发展，财政部、国家税务总局于 2009 年出台了《关于文化类社会组织企业所得税免税收入问题的通知》，规定了文化类社会组织的 5 项收入享受免税待遇，如社会捐赠收入、各级政府补助（政府购买收入除外）和符合条件的会费等。为了鼓励和引导文化类社会组织供给公共文化服务，文化类社会组织税收优惠还涉及所得税、增值税、营业税、关税和房产税等多个税种（见表 3–1），尤其是政府针对文化类社会组织的日常活动，给予了有针对性的增值税优惠和营业税优惠。

表 3–1 文化类社会组织相关的主要税收优惠政策

税种名称	优惠内容
企业所得税	社会捐赠收入、各级政府补助（政府购买收入除外）、符合条件的会费收入以及不征税收入和免税收入滋生的银行存款利息收入等收入免税
增值税	《关于延续宣传文化增值税和营业税优惠政策的通知》列举项目实行先征后退
营业税	图书馆、纪念馆、博物馆、文化馆和文物保护单位等举办文化活动取得的门票收入，科技馆以及符合规定的宗教场所举办的文化、宗教活动的门票收入免税
房产税	公众团体、由财政部门拨付事业经费的单位自用房产、宗教寺庙自用房产免税
关税	外国政府、国际组织无偿捐赠的物资免进口关税

续表

税种名称	优惠内容
契税	社会团体承受的土地、房产用于办公、教学、医疗和军事等情况免税

资料来源：国家税务总局网站

三、成熟的文化消费市场

“买什么”是政府购买公共文化服务的内容。较为成熟的文化消费市场是政府购买公共文化服务的基础。从行为动机来看，公众日益旺盛、多元的文化需求倒逼政府完善和修正服务供给模式，不断提高公共文化服务供给的能力和水平，政府购买公共文化服务成为行之有效的措施和手段。而从行为条件看，只有成熟的文化消费市场，才可能提供充足的文化产品，满足政府购买的需求。文化消费市场的成熟度可从文化资源禀赋、文化生产能力、文化企业规模、文化组织规模、文化设施规模和文化消费能力六方面指标进行考量（见表 3–2）。

表 3–2 文化消费市场评价指标

指标	指标说明
文化资源禀赋	文化资源禀赋是一个区域从古至今在发展过程中所积淀的基本文化素质的总和，是区域文化发展的基础条件。具体表现形式包括物质文化资源和非物质文化资源，先天所具备的区位条件、受到的环境影响和后天发展的经济基础，如城市经济基本指标、公众富裕程度等
文化生产能力	文化生产能力是指文化的产出供给能力和价值创造能力，包括了文化市场这一生产销售的中间阶段所提供的文化产品和服务，表现为文化产业总体及其各项核心分门类产品的供给状况，直接体现区域文化的活力，是激发文化消费的前提，如图书发行种类、电影放映场次、广播电视节目播出时间等

续表

指标	指标说明
文化企业规模	文化企业规模是指城市中所拥有的生产、经营和销售文化产品和服务的企业。企业是经济领域中直接的生产者，为社会提供一系列文化产品和文化服务。文化企业规模的考量内容包括上市文化企业数量、文化产业从业人员等
文化组织规模	文化组织规模主要是对地区文化发展进行政策制定、行政管理和市场规范的具体执行机构，包括政府设立的与文化相关管理机构，由政府或者是民间团体自发组织的文化组织，以及由这些机构对地区文化发展所提供的资金、政策、行政规范等方面的保障
文化设施规模	文化设施规模是政府或者企业所建设的博物馆、图书馆、影剧院等公共文化基础设施，是满足当地公众开展日常文化活动基本需求的基础条件，体现一个区域文化建设投入的积极性和建设能力
文化消费能力	文化消费能力是指人们为了满足精神需求，对文化产品和服务的占有、享受、使用等，以及评价这些行为的过程和能力，如公众人均教育文化娱乐消费支出、公众人均可支配收入、电影票房等

资料来源：中国传媒大学《中国城市文化竞争力报告》

四、完善的政府购买机制

“怎么买”是决定政府购买公共文化服务成效的关键。完善的政府购买机制包括健全的购买制度、规范的购买流程、科学有效的监管和评估体系。购买制度包括政府购买公共文化服务的相关法律法规、政策文件，如《中华人民共和国采购法》、国务院办公厅发布的《关于做好政府向社会力量购买公共文化服务工作的意见》等。规范的采购流程包括政府采购的公告、招标、评审等程序公开、公证、透明。科学有效的监管评估体系包括事中监督、事后评估。

第二节　基于市场化程度划分的三种政府购买公共文化服务模式

政府购买公共文化服务作为市场化政府经济行为，如上文所述，公共性原则、效率导向、市场竞争手段是其三个重要特征。而市场化意味着政府需要以市场机制为杠杆，调动市场主体、文化类社会组织参与公共文化服务供给的积极性，在竞争中实现公共文化服务的高效供给。以是否为充分市场竞争作为衡量尺度，可将政府购买公共文化服务划分为市场化、半市场化、非市场化三种模式（见表 3–3）。

表 3–3　基于市场化程度的政府购买公共文化服务模式比较

政府购买公共文化服务模式	公共性原则	效率导向	市场经济手段
市场化模式	具备	效率高	充分市场竞争
半市场化模式	具备	效率较高	有限市场竞争
非市场化模式	具备	效率低	无市场竞争

一、市场化模式：市场在资源配置中发挥主导作用

在市场化模式下，政府经过政治程序进行决策，明确公共文化服务的供给量以及质量准则，在公共行政体系内引入市场机制，实施公共文化管理部门的民营化改革，通过非政府机构开展公共文化服务的生产和供给，

充分发挥市场在资源配置中的主导作用，各类公共文化服务供应者之间实现充分竞争。

市场化模式下的政府购买公共文化服务打破了政府将决策和执行集于一体的传统行政模式，将政府权力和市场交换进行复合配置，发挥政府和市场各自的功能优势，以高效经济的方式履行政府提供公共文化服务的职责。

首先，政府公共文化服务供给的决策和执行实现了彻底分离。政府确立公共文化服务供给目标之后，不再通过政府直接执行，而是通过非政府部门具体实施。在实现公共文化服务目标的过程中，通过市场机制联结政府和非政府部门。政府的职责在于决策和政策制定，而公共文化服务供给的实施执行由公共文化机构、企业以及社会组织负责。政府的决策倡导公平正义，而多元主体的协同供给则体现效率。公共文化服务的决策和执行解决公平和效率统一的问题。

其次，公共文化服务的供给主体倡导多元并存，合理竞争。以竞争代替垄断，是提升公共文化服务效率的重点。

最后，公众对于公共文化服务拥有选择的权力。公众在多元的供给主体之间选择符合公共利益的主体，需要在赋权的同时给予实现选择的条件和资源。[1]

二、半市场化模式：政府主导、市场参与资源配置

半市场化模式是政府主导下的有限市场竞争。公共文化机构仍保持公

---

[1] 董留学．我国政府公共文化服务市场化研究 [D]. 河南：郑州大学，2005：147-148.

有地位供给公共文化服务，政府开放一定的公共文化服务供给领域供企业、文化类社会组织等其他各类社会主体自由竞争，实现有限的市场化购买。市场竞争的开放领域由政府掌控。

三、非市场化模式：政府指令分配资源

非市场化模式是指采购行为完全依照政府指令行事，政府购买的承接主体往往是政府部门的下属机构或者依附于政府部门的文化类社会组织，政府购买资金在行政部门内部循环，政府购买呈现“内部化”特征。政府与承接主体之间的契约关系流于形式，采购资金的透明度、服务质量以及评估监督等一系列运行缺乏约束力，竞争机制丧失，政府购买公共文化服务异化为一种非市场经济行为，与政府购买公共文化服务的初衷背道而驰。

第三节　基于中国现实的模式选择——半市场化模式

政府购买公共文化服务的模式选择，取决于制度安排和现实国情。美国、新西兰采取的是市场化模式，日本、韩国则采取了半市场化模式。鉴于我国目前的现实情况，半市场化模式更加符合我国政府购买公共文化服务的利益诉求和价值取向。

一、服务型政府的价值取向

“服务型政府”是在全面汲取借鉴国外公共管理思想的基础上，从中国现实国情出发，提出的具有中国特色的政府管理模式。人本精神、责任意识和服务理念是服务型政府的核心价值。[1]以人为本，是要消弭区域、城乡发展差异，完善和健全公共文化服务体系，以公众真实的文化需求为出发点，杜绝盲区、不留死角，保障公众的文化权益得以实现，推动人的全面发展。责任意识要求政府以高度的责任心和使命感履行公共文化服务供给的职责，主动作为满足公众的文化需求，不断提升政府供给公共文化服务的水平。服务理念体现了以公众为核心的治理理念，政府积极为公众参与公共文化服务提供条件和渠道，引导公众在公共文化服务体系建设中自我表现、自我教育和自我服务。服务型政府的核心理念落脚在“服务”二字，公众是政府公共管理权力正当性的赋予者，由此服务职能和服务理念应贯穿在政府行政过程中，以公众的认可度和满意度作为政府管理绩效考评的衡量标准，不断提升政府部门的服务观念，提升政府的公共文化服务品质。采取以政府为主导，市场参与资源配置的半市场化政府购买模式，是我国建设服务型政府的必然选择。

有利于深化公共文化领域供给侧改革。从供给侧来审视我国公共文化服务的发展，可以发现，目前公共文化服务领域有效供给不足、供给结构

[1] 刘京晶．互联网时代：公共文化服务的治理变革 [M]. 北京：知识产权出版社，2017：48-51.

不合理、供给效率不高等问题突出。推进公共文化领域供给侧改革，必须推进公共文化服务社会化发展，发挥市场配置资源优势，创新供给方式、丰富供给内容、提高供给质量、降低供给成本，形成政府主导、社会参与的多元化公共文化服务供给机制。半市场化的政府购买模式，即摒弃完全由政府指令分配资源的非市场化模式，突破以往公共文化服务由政府大包大揽的局面，广泛动员社会力量参与公共文化服务供给，提升公共文化服务效能，实现公共文化服务供给与公众现实文化需求的有效对接。

有利于深化文化体制改革，推动政府职能转变。目前我国文化体制改革逐渐入深水区和攻坚期，找准改革突破口。在政府主导的基础上充分发挥市场配置资源的作用，广泛吸纳社会力量参与公共文化服务，形成政府、市场、社会多元主体协同供给的局面，这既是深入推进依法行政、转变政府职能、建设服务型政府的重要环节，也是规范和引导文化类社会组织健康发展、推动公共文化服务社会化发展的重要途径，对于推进我国文化治理能力现代化、提升文化管理科学化水平具有重要意义。

有利于加快推进现代公共文化服务体系的构建。构建现代公共文化服务体系，要求动员社会力量广泛参与。从顶层设计上为社会力量参与公共文化服务体系建设提供制度保障，有利于引导和鼓励社会力量参与公共文化服务体系建设，主动改善公共文化服务体系中供给主体单一的现状，更好地培育文化类社会组织的发展。

二、现实国情的条件制约

目前我国公共文化服务的供给主体主要还是公共文化机构。这些文化阵地在承担公共文化服务职能、弘扬社会主义核心价值观、传承发展中华优秀传统文化、涵养公众文化素养等方面发挥着主体作用。文化体制改革已经推动一些公共文化机构转变为市场主体，成为政府购买公共文化服务的主要承接者。公共文化机构法人治理结构改革也在积极推动公共文化机构提升服务效能，转变为富有活力的法人主体。

但是我国文化类社会组织发展起步较晚、发育时间短，无论从数量、规模抑或社会服务和资源整合能力、市场竞争能力看，距离合格的政府购买承接主体还有相当大的差距。在政府机构直接供给公共文化服务的非市场化模式下，政府承担全部风险。而在政府购买公共文化服务中，从表面上看，政府是把部分风险转移到供给公共文化服务的社会主体上，但社会主体实际承担风险能力有限，因此政府仍是主要的风险承担者。尤其在公共文化服务领域，以社会效益为主要衡量标准而非服务的数量，社会服务领域更还不成熟。因此，明智之举是将政府的规划监管与市场竞争结合起来，通过政府购买公共文化服务将公共文化机构、市场主体、文化类社会组织通过制度性安排有效联结，在详细调研目标人群的真实文化需求的基础上，制订设计综合性的公共文化承接方案。“各类社会主体只要具备专业的公共文化服务能力，都有机会参与到综合性服务提供的某一环节，或

提供某一具体公共文化服务。”❶

三、公共服务市场化的反思

公共服务市场化为政府提供公共服务提供了另一种选择，在提升政府服务职能效率方面发挥了积极作用。但公共服务市场化不是万能的。过度的公共服务市场化，容易导致政府懈怠履职。公共服务市场化在实践当中未取得预期效果，而其潜藏危机和风险还未完全显现。公共服务市场化对政府合法性与公共服务合理性构成挑战。“在新西兰、美国、英国等西方国家进行政府机构民营化的改革前沿，普遍都出现了民营化或者民营化回潮的现象。”❷政府重新收回过去合同外包的公共服务项目，由政府直接提供服务。据阿米尔·赫菲兹（Amir Hefetz）和米尔德雷德·E. 华纳（Mildred E. Warner）的研究发现，“1992—1997 年，撤包占服务领域的 11% 左右，新协议外包占 18% 左右，前者占据后者的 60% 左右；1997—2002 年，撤包比率增加到 18% 左右，而最新外包的比率则缩减到 12% 左右，前者占据后者的 150% 左右”。❸我国在公共服务市场化的探索当中，也出现许多城市公共交通市场化失败的案例和教训，部分地方政府重新收回外包出去的公共交通系统，重新由政府进行运营服务。

---

❶ 徐晓新，张秀兰. 社会效益债券：一种创新的社会项目筹资模式 [J]. 中国行政管理，2015（5）：56-58.

❷ WAENER M E. The future of local government：21st century challenges[J]. Public Administration Review，2010（6）：70.

❸ HEFETZ A，WARNER M E. Beyond the market vs. planning dichotomy：Understanding privatisation and its reverse in us cities[J]. Local Government Studies，2007（4）：33.

第四章　我国政府购买公共文化服务模式现状审视——以北京为例

第一节　我国政府购买公共文化服务的现状

一、政府购买公共文化服务的运行成效

我国政府购买公共文化服务的实践开始于 20 世纪初，在起始摸索阶段，并未出台国家层面的规范性政策文件，而是各级地方政府在发展社会主义特色市场经济和行政管理体制改革的背景下，进行了政府购买公共文化服务的实践，并在政策层面进行了探索。例如 2005 年，为响应文化下乡活动，宁波市政府开展万场电影下乡活动；同年，深圳市政府鼓励采购公共文化大项目，推广公益性活动，形成“文化钟点工”采购特色，颁布

《重大公益性文化活动实行社会化运作试行办法》。2012 年，在党的十八大报告中正式提出政府购买公共服务，2013 年，国务院办公厅印发《政府向社会力量购买服务的指导意见》（国办发〔2013〕96 号）、财政部印发《关于政府购买服务有关预算管理问题的通知》《政府购买服务管理办法（暂行）》（财综〔2014〕96 号）、财政部会同民政部印发了《关于支持和规范社会组织承接政府购买服务的通知》等一系列的新政策，界定了政府购买服务的原则、机制及资金管理等问题。政府购买公共文化服务在我国实践探索的十年里，在许多地区尤其是发达地区出现了大量实践案例。各地政府积极开展政府向社会力量购买公共文化服务，购买的范围日渐拓展，购买规模日渐壮大，购买方式不断创新。

（一）政府购买公共文化服务制度体系逐渐建立

从 2013 年开始，构建政府购买公共服务机制的政策探索在公共文化服务领域同步展开。2015 年，国务院办公厅发布的《关于做好政府向社会力量购买公共文化服务工作的意见》是国家层面对政府购买公共文化服务的最高指导。从 2013 年至今，从指导性意见到政府采购行为的法律规范、再到政府购买公共文化服务具体模式的推广，政府购买公共文化服务的政策不断丰富完善，具体政策的发展历程如表 4–1 所示。目前，31 个省（区、市）均制订了政府购买目录，将购买资金纳入财政预算。截至 2018 年年底，为推动公共文化产品供给侧改革，全国 31 个省（区、市）相继出台地方政府购买公共文化服务政策的相关文件，提高服务效能。在各省（区、市）的示范带动下，不少地、县研究制订了符合本地区特点、贴近基层文化需求、具有操作性的意见或实施方案。如江苏省无锡市出台了

《推动公共文化服务社会化发展的指导意见》《鼓励和引导社会力量参与公共文化服务实施办法》等相关文件；南京、常州、苏州、镇江出台了政府向社会力量购买公共文化服务的相关文件；陕西省铜川市出台了《铜川市政府购买公共文化服务实施方案》；内蒙古鄂尔多斯市出台了《向社会力量购买公共文化产品和服务管理办法》；重庆大足区出台了《区政府关于印发政府向社会力量购买公共文化演出服务实施方案的通知》；湖北省恩施市鹤峰县制订了《县政府购买公共文化服务项目实施方案》。目前，中央和省（区、市）两级的购买公共文化服务制度体系基本建立，地市一级的制度体系正在逐步完善，县区一级的制度建设正在积极探索开展。

表 4-1　政府购买公共文化服务政策发展历程

时间	政策文件	内容
2013 年 1 月	《文化部"十二五"时期公共文化服务体系建设实施纲要》	逐步建立公共文化服务政府采购制度，支持民营文化企业的产品和服务进入采购目录。鼓励民间资本通过招投标等方式，参与公益性文化产品和服务供给、重大公益性文化活动和其他公共文化服务
2015 年 5 月	国务院办公厅转发文化部等部门《关于做好政府向社会力量购买公共文化服务工作的意见》	到 2020 年，在全国基本建立比较完善的政府向社会力量购买公共文化服务体系，形成与经济社会发展水平相适应、与人民群众精神文化和体育健身需求相符合的公共文化资源配置机制和供给机制，社会力量参与和提供公共文化服务的氛围更加浓厚，公共文化服务内容日益丰富，公共文化服务质量和效率显著提高
2015 年 5 月	《政府向社会力量购买公共文化服务指导性目录》	政府向社会力量购买公共文化服务指导性目录中列举出五大类共 38 个项目

续表

时间	政策文件	内容
2016 年 12 月	《中华人民共和国公共文化服务保障法》	国务院和省、自治区、直辖市人民政府制定政府购买公共文化服务的指导性意见和目录。国务院有关部门和县级以上地方人民政府应当根据指导性意见和目录，结合实际情况，确定购买的具体项目和内容，及时向社会公布
2018 年 9 月	《文化和旅游部关于进一步推进政府向社会力量购买公共文化服务工作的意见》	指出购买公共文化服务工作中在购买内容、承接主体、资金保障方面存在的问题，强调从提高政治站位、推动文旅融合、规范基层购买、丰富购买内容、培育承接主体、拓展资金来源、加强统计工作等方面入手做好新时代公共文化服务购买工作
2018 年 11 月	《文化和旅游部 财政部关于在文化领域推广政府和社会资本合作模式的指导意见》	鼓励社会需求稳定、具有可经营性、能够实现按效付费、公共属性较强的文化项目采用 PPP 模式。重点包括但不限于具有一定收益性的文化产业集聚发展、特色文化传承创新、公共文化服务、非物质文化遗产保护传承以及促进文化和旅游、农业、科技、体育、健康等领域深度融合发展的文化项目

（二）政府购买公共文化服务投入持续加大

据不完全统计，截至 2017 年 6 月底，各省（区、市）安排购买公共文化服务资金已超过 65 亿元。河南省整合相关专项资金，安排 1 亿元设立政府购买公共文化服务及扶持创作专项资金。甘肃省纳入财政预算的购买公共文化服务专项经费，从 2015 年的 1400 万元增长到 2016 年的 3500 万元，增长率达到 150%。江苏省从公共文化项目中遴选出一批适合采用政府购买方式的项目，安排政府购买专项资金 5000 万元。天津市设立了专项经费，每年投入 2500 万元，用于购买演出、展览和公益文化普及活动。吉林省安排了 1800 万元用于购买全省下基层演出 4000 场，同时安排 400 万元用于购买省直院团优秀剧节目演出。山西省从 2014 年起，每年安排1000万元专项资金用于购买公共演出服务，并带动部分地市设立了专项资金。厦门市从2014年开始，将公共文化服务列入政府购买服务的试点之一，三年累计安排资金超过1亿元。为引导和带动各地加大资金投入，2016年，中央财政安排2.3亿元专项资金用于开展送戏下乡工作，为国家扶贫工作重点县所辖的每个乡镇，每年配送6场以地方戏为主的文艺演出，每场演出由中央财政补助3000元。从中央到地方，各级政府加大财政投入力度用于购买公共文化服务。

（三）政府购买公共文化服务全面开展

目前我国绝大部分地区采用了政府向社会力量购买公共文化服务的方式提供公共文化服务。2003年，长沙市实施的“政府埋单、公众看戏”文化惠民工程率先运用了政府购买服务的方式，此后东部沿海地区也开始采用向社会力量购买公共文化服务的方式开展公共文化服务且发展迅速。杭州市投入大量资金采购公共文化服务和产品；宁波市采用政府购买方式实施“万场电影千场戏进农村”惠民活动；深圳市在制度建设上率先创新出台了《重大公益性文化活动实行社会化运作试行办法》，并创新探索公益性服务岗位“文化钟点工”的采购；上海市面向社会征集社区文化中心专业化管理的主体；北京市购买民营图书馆的运营服务实现了街道图书馆的高效运营。中西部省区也在积极开展政府购买公共文化服务。甘肃省推动艺术院团与企业合作，争取民间资本参与公共文化服务购买，减轻财政负担，弥补政府公共文化服务能力的不足，2015年全省筹集社会资本购买公共文化服务的资金总数达3000万元；宁夏制订“菜单式”服务产品目录，由购买主体组织专家、公众代表等进行“点单”，按需提供演出剧（节）

目。近年来，政府购买公共文化服务在全国范围内取得了突破性进展。为促进各类社会主体竞争性地参与公共文化服务供给，政府作为治理链的主体，经常采用的购买模式是政府在文化部门等相关网站上发布招标公告，吸引资质符合的服务生产者进行投标，再根据服务标准、服务内容、预算资金等指标在竞标者中择优选取，然后与确定的服务生产者签订购买合同，并依据合同内容监督服务生产者履行公共文化服务的供给义务。

政府还主导发展了公共文化服务采购展会等方式，为各类社会力量参与公共文化服务供给搭建了平台。2019 年 3 月，国家文化和旅游部指导召开了长三角及上海公共文化产品采购大会，在参展的 240 家供给单位中，有 147 家企业、58 个社会组织、政府部门及事业单位 35 家，体制外单位和组织参与率达到 85%。展会上除了文艺演出、剧目创作、非遗产品、文创产品等传统文化内容生产板块外，还首次推出了四个全新板块：一是公共文化设施运营和管理板块针对基层特别是乡镇街道文化站、村（社区）文化服务中心无人管、闲置等问题，精选目前国内从事公共文化设施运营管理的 21 家企业和社会组织参展，推出了公共文化设施社会化运营的多种解决方案；二是旅游公共服务板块按照厕所革命、旅游目的地服务、旅游标准化、自驾游公共服务、智慧旅游五部分，邀请国内复兴集团、携程等 13 家著名企业参展；三是文化科技融合板块汇聚了喜马拉雅、京东方艺云科技，四达时代等 29 家信息技术企业，展示了公共数字文化服务平台建设、智能硬件开发、资源建设、数字文化产品供给等方面的最新成果；四是决策咨询培训及绩效评价汇聚了可为地方文化部门开展公共文化制度设计研究的高效科研机构、为地方提供培训服务的文旅部所属培训基地和国内一流的第三方评估机构等 24 家单位。最终，这场文采会现场意向成交额达到 10373.82 万元。此后，在 2019 年 9 月和 11 月又接连举办了粤港澳大湾区文采会和长三角地区旅博会两场展会，签约意向金额分别达到 7789.82 万元和 19091 万元。在文采会期间，文化和旅游部全国公共文化发展中心还在国家公共文化云上开通了全国公共文化和旅游产品交易平台，旨在打造“不落幕的文采会”。目前，该平台分为采购需求、供应商企业、特色非遗、艺堂好课四个主要板块，各地政府可以在平台上发布项目采购需求，供应商企业板块展示了企业能够提供的各类公共文化服务。通过这种采购展会的购买模式，一方面，政府作为需求链的末端消费者，可代表公民需求在多样的服务供给者中进行选择，另一方面，采购展会提供了各类供给者共同展示服务能力和内容的平台，促进了供给者之间的交流了解，有利于激发供给链的有益竞争，共同提升服务质量。

（四）政府购买公共文化服务范围扩大

随着政府购买公共文化服务力度的不断加大，各地政府整合各类公共文化服务资金，设立了政府购买公共文化服务专项资金，政府购买公共文化服务的范围和规模不断拓展。政府向社会力量购买公共文化服务已经突破了原有以购买演出为主的传统内容，人才培训、文化遗产保护、特色文化品牌传播推广等内容形式多样的服务项目也纷纷进入政府采购范围。公共文化设施运营管理、公共文化服务的咨询和研究、公共文化服务岗位逐渐成为政府购买的重要内容。2016 年，文化部公布的《文化部向社会力量购买公共文化服务目录》中包括优秀传统文化与非物质文化遗产的保护、传承与展示，对外和对港澳台文化交流活动的组织与承办，文化宣传品的设计制作和运输以及文化人才队伍培训四类共 8 个项目。2017 年，该目录增加了文艺作品的创作与传播类，共包括五类 16 个公共文化服务项目。2018 年，该目录继续增加了文化艺术活动的组织与承办类，共包括六类 18 个项目。

山东省通过购买公共文化服务引进专业管理团队，确保剧院“月月有演出、周周有活动，高雅接地气，剧院灯常亮，文化更亲民”。德州市文广新局与中演演出院线发展有限责任企业签署《德州大剧院委托经营管理协议》，2018 年全年演出场次达到 100 场，平均上座率达到 78% 以上；演出基本为公益性演出，全场票价均为 50 元或 80 元，让当地更多老百姓欣赏到高水平的文艺演出。北京市文化局对租赁的废旧厂房进行改造，建成北京市剧目排练中心，通过政府购买公共文化承接方式，委托具有专业资质的院线运营机构进行专业化运作，该中心成为北京市第一个公益性剧目排练服务平台和舞台艺术孵化基地。目前已形成 19 个不同规模的专业排练厅，对外服务价格低至每天 200 元或 300 元。该中心运营半年，已接待 50 家国有院团或民营表演团体，排练项目达 69 个剧目（已有 54 个公开上演），有效解决了首都文艺院团排练场所紧张的问题。上海市以政府购买服务的方式委托本市高校用 3 年时间实现对全市公共文化从业人员进行轮训，提升全市事业单位、文化类社会组织等公共文化从业人员的业务水平。

（五）政府购买公共文化服务方式创新

政府购买公共文化服务在坚持公益性原则的前提下进一步公开透明，在机构管理、财政投入、体制机制等方面都出现了创新实践，购买方式逐渐规范，购买效率显著提高。在机构管理方面，部分地区打破了传统的

"建机构、核编制、养人办事"的模式，将公共文化设施以委托经营的方式外包给社会主体运营。如无锡新区图书馆率先采用委托专业企业管理的服务方式运营，解决了机构的建立健全和人员分配问题，有效提高了服务效率、提升了管理服务质量。该图书馆连续5年获无锡市年度考核优秀单位；获得第四届江苏省服务农民、服务基层文化建设先进集体等一系列荣誉。

在购买形式上，各地政府综合运用了合同外包、公开招标、单一来源采购等方式，通过签订购买服务协议来确定委托服务期限，明确参与双方的责任和义务。在制度建设上，制定服务清单和政府购买公共文化服务工作绩效考核体系，并且设立明确的指标来对其进行管理和监督。如深圳市出台了《深圳市鼓励社会资本捐助公益文化体育事业实施办法》，鼓励和规范社会资本捐助公益文体事业。由市、区公共图书馆提供图书资源与技术指导，由企业提供场地，合作建成劳务工图书馆近百家，年接待读者200余万人次，满足了外来工的文化需求。采用招标的方式择优引进社会投资者以BOT模式投资、建设及运营管理当代艺术馆，为健全公共文化多元投入机制，创新文化基础设施建设模式提供了新的有效途径。积极引导民间资本投入电影院建设，目前深圳市105家电影放映单位均为民间资本投资建设，这些电影院在繁荣电影市场的同时，也积极承担着公益职能，努力为市民提供高水平的公共服务。中国移动深圳企业、京基集团、招商银行等一些知名企业积极主动地承担社会责任，纷纷为文化活动冠名，提供资助，为政府主导的公共文化服务提供了有益的补充。苏州图书馆则针对读者，特别是年轻人不习惯到馆借阅以及物流配送服务日趋成熟的现实情况，采用公开招标的形式，向科技企业购买技术服务，推出了"网上借阅、社区投递”服务，将书籍投递、回收环节外包给科技企业，通过成熟的物流体系将书送到读者身边，免去了读者借阅过程中反复取书、送书的烦恼。服务定位准确，实现了需求和市场的无缝对接，苏州图书馆“网借”图书的借阅量一度以每月6000册左右的速度递增，2015年“网借”服务外借图书53万余册次。甘肃省采取多种鼓励措施来提高社会力量参与公共文化服务的积极性，推动供给主体多元化发展，符合条件的事业单位、企业、机构等社会力量都可作为政府购买的承接主体，并且对农民文化大院、民间文艺团队等放宽准入条件，未登记注册的也可择优确定为承接主体。重庆市政府规范化信息发布机制，出台了《关于做好政府向社会力量购买公共文化服务工作的通知》，要求区县文化委员会每年3月前按照发布的具体购买目录，结合当年实际，编制下达当年购买服务计划，会同同级政府采购部门，制定购买服务的技术文本，并发布正式采购信息。同时全面加强政府购买过程监管，严禁承接主体转包，对不履行合同义务的承接主体，实行“黑名单”制度。

为构建服务型政府，各级政府在购买公共文化服务和提供公共文化服务的过程中越来越重视公民满意度的提升，在实践中不断探索收集公民文化需求的方式，其中以问卷调查为主要形式。例如2017年，柳州市柳南区通过搜狐新闻网、微信公众号等多个网络渠道发布公共文化需求及反馈调查问卷，调查了解居民对公共文化服务场所、公益电影放送、品牌文化活动等公共文化服务的参与程度和意见反馈，收集居民对各类公共文化服务的需求，以及对公共文化参与方式、社会力量参与公共文化服务建设等问题的偏好。部分地方政府开创性地采用公共文化服务体验师等创新方式，丰富了公民文化需求的表达渠道，将公民多样化的文化需求通过政府持续不断地传递给供给链，促进供需一致的公共文化服务供给。成都市文化馆从 2018 年开始招募公共文化服务体验师，通过让体验师体验各类公共文化服务并撰写体验报告来更精确地掌握居民多样化的文化需求。经过两年多的实践探索，其他地方政府也开始学习成都的成功经验，山东省威海市于 2020 年 8 月下发《关于招募威海公共文化服务体验师的通知》，面向广大市民招募体验师，参与公共文化服务项目，定期反馈城市公共文化服务的建设状况，促进公共文化服务精细化供给。

同时，政府购买公共文化服务的绩效评估日益受到重视。2009 年，中央财政部发布《财政支出绩效评价管理暂行办法》，指出应以各级财政部门和各预算部门为主体，对基本支出、项目支出和部门整体支出进行绩效评价。在这一政策的指导下，政府逐渐开始重视政府购买公共文化服务支出的效益性和效率性。各地政府也在进行年度决算时对重点项目进行了绩效评价。例如，北京市文物局根据项目决策指标、项目管理指标和项目绩效指标对 2018 年首钢园林绿化公司承办的石景山古建筑群金阁寺钟鼓楼、金阁殿、山门、天王殿修复工程项目进行了绩效自评，评价结果为 86.58 分，良好。由主管政府部门进行单位自评是政府购买公共文化服务绩效评估的主要方式，也有少数地方政府采取了第三方机构绩效评价的方式，如上海市政府委托上海闻政管理咨询有限公司对 2018 年度中华艺术宫物业管理费进行了绩效评价，评价结果为 90.75 分，优。与文化部门绩效自评的方式相比，委托第三方机构进行绩效评价的主要优势在于从第三方角度独立进行绩效评价更客观，并且会采用问卷调查法、访谈法等方式进行可操作化处理，将一些定性指标转化为数值，使评价结果更为准确。以公众满意度为例，在公开的绩效自评报告中，有的城市根据新闻媒体报道、上级单位表彰、问卷调查、群众反映等资料进行评价，有的根据本部门在市纪委行风民意测评中的排名对公众满意度打分，这两种方式都是从侧面反映公众的满意度，而第三方机构在进行绩效评价时采用较多的方式是向接受服务的人群发放调查问卷，能更客观、准确地衡量公众对公共文化服务的实际满意度。

二、政府购买公共文化服务存在的问题

全国各地积极推进政府购买公共文化服务工作，特别是在丰富公共文化服务供给、规范政府购买机制、探索购买经费保障、强化绩效评价和监管等方面取得了一定的成效，但是问题也十分突出，主要体现在以下五个方面。

（一）购买公共文化服务投入与发展需求不相适应

从目前各级政府的文化财政投入上来看，购买公共文化服务投入占整体文化支出的比重较小。特别是经济欠发达地区及基层政府，地方财力相对薄弱，财政支出主要靠中央或上级转移支付，文化投入十分有限，专项用于开展购买公共文化服务的资金寥寥无几。2015年，全国各省（区、市）安排购买公共文化服务财政投入的经费20亿元与每年数百亿元的文化财政投入经费相比，所占比例不足10%，政府购买公共文化服务还有很大的提升空间（见表4–2）。

表 4-2　2015—2016 年各省市政府购买公共文化服务经费

省、市、自治区	2016 年预算经费（万元）	2015 年落实经费（万元）	备注
北京	13000	—	仅指市本级财政支出
天津	2500	—	
河北	—	1552	
山西	—	6900	
内蒙古	3000	—	
辽宁	—	720	购买演出
大连	—	490	购买演出
吉林	7422	—	省级专项资金 2200 万元，各地共安排 5222 万元
黑龙江	—	—	
上海	2642.72	—	
江苏	—	—	2012—2015 年无锡市累计成功购买公共文化服务项目 249 项，带动社会投入公共文化服务资金约 1.2 亿元
浙江	1884.2	—	截至 2016 年 5 月底，全省各级文化系统购买公共文化服务金额 8831 万元
宁波	—	760	
安徽	—	5000	
福建	—	—	
厦门	5354	—	
江西	—	—	涉及资金共 2 亿元，主要包括公益性文艺演出活动（送戏下乡）的组织和宣传，全国性的信息资源共享工程村级基层服务点的管理和活动组织，农村文化活动的组织和承办，舞台艺术作品的创作与传播，非物质文化遗产的研究和保存，关于非物质文化遗产传承人的培训和交流、农村电影放映等

续表

省、市、自治区	2016 年预算经费（万元）	2015 年落实经费（万元）	备注
山东	—	—	
青岛	20000	—	
河南	10000	—	
湖北	—	2926	
湖南	—	—	
广东	20800	—	
深圳	—	14000	市级财政投入 2000 多万元，区级财政投入 1.2 亿元
海南	—	—	
广西	—	—	
重庆	—	12000	市级财政 3300 万元，区县财政 3200 万元
四川	2030	—	
贵州	—	—	
云南	5000	—	
西藏	—	—	
陕西	5000	—	
甘肃	11800	—	省级财政预算 3500 万元，市州财政预算 6600 万元，县区财政预算 1700 万元
青海	832.5	—	
宁夏	11240	—	
新疆	—	—	
新疆兵团	—	—	

料资来源：根据原文化部财务司 2016 年 6 月政府购买公共文化服务专项会议材料整理

（二）政府对承接主体的需求与文化类社会组织发育程度不相适应

“十三五”期间，我国的经济发展有了质的飞跃，公共文化服务领域也有了显著发展。一方面，政府持续加大对公共文化服务的投入力度，大力构建现代公共文化服务体系；另一方面，公众的文化需求日益增长，对公共文化服务内容和质量的要求也日益提高。政府期待通过向社会力量购买公共文化服务满足公众多元化的文化需求，但是没有合适的承接主体，处于“无处可买”的尴尬境地。目前我国文艺团体达到 8700 多个，业余文化团队超过 30 万个，但是依法注册登记、治理结构健全、管理制度规范、具有民事责任承担能力的文化类社会组织很少。大多数公共文化服务资源还是由文化事业单位和公共文化机构掌握，文化类社会组织的发展空间相对狭窄。政府购买的需求和合格的承接主体之间存在较大差距，文化类社会组织仍处于培育发展阶段，力量相对薄弱，内部结构不健全，规模偏小，服务的专业能力不强，短期内难以完全承接政府转移的公共文化服务职能。因此政府大多采用比较单一的委托代理方式来承接主体，公开招标并邀请招标、竞争性磋商等方式还不能有效推行。

（三）公共文化服务购买内容与公众文化需求不相适应

目前各地政府向社会力量采购的公共文化服务内容主要还集中在演出领域，其他类型的公共文化活动、公共文化设施运营管理等虽有开展，但购买范围相对有限，购买内容比较单一。由于政府购买公共文化服务的内容主要集中在公益性服务领域，政府购买公共文化服务的宣传传播度不够，公众对其认知度不高，更缺乏参与政府购买决策的渠道，政府购买公共文化服务的内容和公众当前不断增长的文化需求之间存在很多矛盾和问题，供需不对接。政府购买公共文化服务要与公民文化需求对接，要求公民具有多样化的且成一定规模的文化需求。但许多公民尤其是欠发达地区的居民，其接受公共文化服务仍然属于被动安排的方式，缺乏主动表达公共文化服务需求的意愿和能力，导致公共文化服务供给效率打折扣，造成资源的浪费。2016 年一项基于我国 17 个省市 51 个社区的调查分析发现，“约七成受访者从未参与过博物馆和群众文化机构举办的文化活动，约一半受访者从未参与过图书馆及社区服务中心的文化活动”，居民公共文化服务的低参与率导致大量公共文化资源被闲置和浪费。中国人民大学 2014 年对北京文化消费习惯调查研究的相关数据表明，北京市的居民在博物馆展览展示、室内棋牌娱乐活动、演出、艺术品收藏等方面表现出较强劲的消费能力，文化消费水平不断提高，文化需求也不断提升。但公共文化服务很难在短期内跟上公众文化需求提升的步伐，政府购买公共文化服务缺乏让公众选择购买内容的“菜单”机制。而且客观上城乡、不同区域公众文化需求差异较大、众口难调，从北京市级层面，政府购买公共文化服务项目难以有效满足公众差异化的需求，需要各级基层政府因地制宜，根据辖区内公众的广泛意愿，科学合理地购买公众亟须的公共文化服务项目。

（四）公共文化服务购买行为与文化管理机制不相适应

尽管我国政府购买公共文化服务迅速发展，然而相关的文化管理体制在短期内很难有大的突破，公共文化服务购买的内卷化现象依然存在。这种现象和文化类社会组织的发展受限有很大关联。目前政府购买公共文化服务的承接主体还是以体制内文化事业单位为主。这些单位直接隶属于政府管辖，运营资金和人员编制都由政府安排，竞争动力天然不足。政府采用“虚拟市场”向这些事业单位购买公共文化服务，市场竞争机制形同虚设，服务效能无法得到实质性提升、公众需求得不到充分满足。因此，规范和完善政府购买公共文化服务行为，必须与文化管理体制改革同步开展。

（五）公共文化服务购买机制与当前服务监管评价模式不相适应

当前政府向社会力量购买公共文化服务基本采用契约化模式。供需双方签订合同，以合同内容为依据对相关的公共文化服务购买事项进行约束和控制，政府通过委托专业的文化类社会组织或企业来提供公共文化服务，在事前控制阶段已经对相关流程的设计和执行进行了规范化处理。但是，政府购买公共文化服务的事中和事后控制存在许多问题和不足，政府购买行为的效果不如预期。具体表现为没有建立完善的服务监管评价机制，重开展、轻效果；尽管建立了事中和事后的服务监管机制，但是仍以行政监管为主，没有广泛引入第三方机构参与监管和评价，钻空子、权力寻租现象容易发生。当下政府购买公共文化服务的法律法规尚未健全，政府购买公共文化服务的行为规则很难发挥实效。

从现实情况看，无论是东部发达地区，还是中西部欠发达地区，都在购买公共文化服务工作方面取得了比较大的进展，购买资金投入不断加大，购买内容不断丰富，管理方式不断完善，购买公共文化服务工作确已初见成效。但是政府购买公共文化服务在我国实践仅有短短十余年，仍然是一个新生事物，缺乏成熟的经验和模式可以借鉴。

第二节 北京市政府购买公共文化服务模式的SSP范式分析

SSP范式是美国经济学家阿兰·斯密德（Allan A. Schmid）提出的一种用于研究制度和绩效间关系的通用范式。这种范式可以推理出不一样的产权和不同绩效结果间的逻辑关系。范式结构分为状态、结构和绩效三部分。状态是指个人、团体及物品的特性。对于状态的划分是以物品的状态为标准的，而不是以个人的特性为标准，不一样的物品特性产生的是不一样的人类相互依赖关系，并会对制度和绩效之间的关系产生一定的影响。[1]结构是指一个社会的各种规则，由制度及权利的选择构成，包含市场竞争及生产要素所有制。而绩效则是个人（团队）对于财富及机会的分配情况，即哪些个人（团队）得到了什么成果，哪些人（团队）需要承担什么成本。权利选择是绩效变化的工具。状态相对固定，而结构可以制定和选择。在状态确定的情况下，选择不同的结构将得到不同的绩效。

笔者选择SSP范式分析北京市政府购买公共文化服务模式，是出于以下三点考虑：其一，阿兰·斯密德提出的SSP范式在对制度结构及绩效的关系进行研究时，考虑到了SSP的指代，如物品特性方面的非相容性使用、规模经济、排他性等，个人特性方面的偏好、价值观、知识、信息处理等，与公共文化服务的非排他性、非竞争性这些性质特征以及公共文化服

---

[1] 卓萍.基于SSP范式的公共组织绩效差异研究[J].厦门理工学院学报，2010（6）：43.

务中公众的偏好、价值观、知识、信息处理等趋于统一。[1] 其二，SSP 范式是一条较为完整的逻辑链，其完整之处在于它是从对事物原始状态的分析开始，直至对最终绩效的检验结束。若想在理论上进行完整的考察，就需要自始至终地对政府购买公共文化服务进行考察，因此 SSP 范式对于本研究的目的来说是最为合适的选择。其三，在政府购买公共文化服务制度结构方面，SSP 范式可以起到一定程度的引导作用。政府购买公共文化服务模式选择本质上是由一种权力结构向另一种权力结构的过渡，也可以看作是对利益分配进行更新，选择何种权力结构也就是选择了何种购买模式。

一、北京市政府购买公共文化服务的状态分析

北京市拥有常住人口 2000 多万，是我国的政治中心、文化中心、国际交往中心和科技创新中心，拥有悠久的历史以及丰富多彩的文化资源，同时还是我国文化人才、文化设施、文化企业、文化资本最集中的地区。近年来，在中央及北京市政府的大力推动下，政府购买服务已经成为北京市充分发挥市场机制作用、提高公共财政使用效率、创新管理体制改革的重要举措。文化领域是北京市政府购买服务工作的重要组成部分，通过分析和总结公共服务类项目预算的实践经验和绩效结果，对于适合采取市场化方式、可以由社会力量提供的公共文化服务项目尽量采取政府购买服务的方式实施，不断扩大政府购买服务的项目范围，提高公共文化服务效能。

---

[1] 卓萍．基于 SSP 范式的公共组织绩效差异研究 [J]. 厦门理工学院学报，2010（6）：43.

根据第三章对政府购买公共文化服务要素条件的研究，可从政府的购买意愿、文化消费市场成熟度、社会主体参与度、购买机制完善度来评价政府开展购买行为的有效性，以此分析北京市在开展政府购买公共文化服务中的特性及状态（见图 4-1）。

图 4-1　政府购买公共文化服务的要素条件

（一）北京市政府购买公共文化服务的意愿较强

2019 年北京市人均文化事业费达到 220.38 元，列全国第三位。北京市人均公共文化设施享有面积为 0.35 平方米，人均拥有藏书量 1.4 册，每万人拥有公共图书馆面积为 138.40 平方米，均高于全国平均水平。公共文化经费的持续投入，是北京市政府购买公共文化服务得以有效推进和开展的保障。而北京作为政治中心及公共文化主管部门的所在地，北京市政府在贯彻并落实中央精神，动员社会力量参与公共文化服务体系建设方面拥有着天然的主动性和积极性。在目前的财政条件和供需关系中，采取政府购买公共文化服务是动员社会力量广泛参与最基本的方式之一。2016 年，北京市政府出台了《关于政府向社会力量购买公共文化服务工作的实施意见》，同时公布了《北京市政府向社会力量购买公共文化服务指导性目录》，购买内容涉及七大类51项。北京市政府具有推动购买公共文化服务的强烈意愿。

但由于北京目前不同区域、城乡间的公共文化服务发展水平整体不平衡，导致北京市级政府和区县、街乡等基层政府的购买意愿会产生较大差别。如海淀区2016年安排区级预算3835.57万元用于购买公共文化服务，2018年社会力量项目参与数量比2015年增长了近2倍，平均年增长率达30%。而密云、平谷等地区的公共文化服务投入主要还集中于基层文化设施建设方面，对政府购买公共文化服务领域还在积极探索。

中央政府对于北京首都职能的定位之一为“全国文化”，因此在北京今后的发展中必将紧抓“文化”主线，加快构建现代公共文化服务体系，加大公共文化服务投入，同时强化公共文化服务的质量，不断创新公共文化建设的方式，支持社会力量参与，加大购买公共文化服务力度。综上，北京市各级政府购买公共文化服务的整体意愿趋向强烈。

（二）北京市文化消费市场成熟度较高

从文化资源禀赋、文化生产能力、文化企业规模、文化类社会组织规模、文化设施规模和文化消费能力6个指标衡量，北京市文化消费市场成熟度较高。

从北京的文化资源禀赋看，北京具有3000多年的建城历史和860多年的建都史，文化底蕴深厚，文化传承广博，具有得天独厚、丰富多元的文化资源，拥有长城、故宫等7处世界级文化遗产，120余个全国重点文物保护单位。北京既有千年古都流传的历史文脉，又有国际化大都市独有的文化创意资源，全国文化高端人才聚集，人才资源储备充足其教育、医疗、科技、交通优势也在全国首屈一指。2019 年北京市实现生产总值超过 3.5 万亿元，人均可支配收入 6.7 万元。

从北京的文化生产能力来看，2018 年，北京市文化产业实现增加值 3075.1 亿元，占地区生产总值的比重为 9.3%，增加值占比稳居全国首位。2019 年全市规模以上文化产业法人单位实现收入 1.3 万亿元，占全国总量超过 10%。北京文化产业人均创造收入约为 110.7 万元，而全国平均水平为 63.3 万元。文化产业结构不断优化，文化产业核心领域增加值占文化产业比重 83.8%，比全国平均水平高出 17 个百分点；文化核心领域企业收入占比 84%，比全国高出 27.5 个百分点，规模以上文化服务企业实现收入 8278.7 亿元，占全国比重的 22.6%，位居全国第一。文化生产能力在全国名列前茅。

从北京的文化企业规模来看，大型实力文化企业聚集北京，文化创意产业从业人员达到 161.7 万人。2018 年年末，全市文化产业法人单位 15.1 万，占全国文化产业法人单位总数的 7.2%。全国文化企业 30 强北京地区企业占到 1/3，国内外上市文化企业数 4 家，国家级文化产业相关园区（基地）30 个。

从北京的文化类社会组织规模来看，北京从政策支持、组织机构和财政投入等各方面不断加大对公共文化服务的保障力度。北京的公共文化管理服务体系日益完善，制定了“1+3”公共文化政策，通过建立机制、搭建平台、树立品牌、整合资源等方式，全市公共文化服务正逐步实现标准化、均等化、社会化和数字化。

从北京的文化设施规模方面来讲，国家大剧院、国家博物馆等众多国家级文化设施都坐落于北京。2019 年，全市共建有基层公共文化设施 6830 个，覆盖率超过 98%，市区两级覆盖率达 100%，基本形成“十五分钟公共文化服务圈”，设施全部实现免费开放。率先在全国实现农村地区文化设施全覆盖，服务农村的文化信息资源共享工程站点 4295 个。

但北京市地域、城乡间公共文化服务水平发展不均衡现象仍然突出。以公共图书馆为例，北京市建造公共图书馆大多依照行政区划，以辖区作为建设标准的方法容易“一刀切”。像天通苑、西三旗这样居民人数众多的区域，因为没有一级政府所以没有建设公共图书馆。又如，北京市朝阳区、石景山区这样行政级别一样的区域按照规定都只能设置一座区级公共图书馆，但两区的居民人数却有着巨大差异。朝阳区 2019 年年末的常住人口为 430 万人，而石景山区仅为 57 万人。综上，北京市各区县之间公共文化设施水平、公共文化服务能力发展不均衡，城乡之间的差异更为明显。

从北京的文化消费能力来看，2018 年，全市文化和娱乐类消费总规模为 1628.2 亿元，在服务消费中占比 11.9%，贡献率达 11%。文化消费多年稳居全市服务性消费的前三位。2018 年，全市居民人均教育、文化和娱乐支出 3999 元，同比增长 2.1%，在人均消费支出总额中占比 10%，支出额超过全国平均水平近 80%，文化消费能力和水平较高。

从以上 6 项指标综合考虑，北京的文化消费市场成熟度在全国范围来看首屈一指。公众具有强烈的文化需求，政府购买公共文化服务发展空间巨大。

（三）北京市社会主体参与政府购买公共文化服务较为踊跃

北京市政府购买公共文化服务的参与主体主要是文化企业、国有院团、文化类社会组织。北京拥有数万家文化企业和数千家各类国家级高水平艺术团队。以 2017 年第五季北京惠民文化消费季为例，在政府主导下有 2000 余家企业参与活动，仅参与的演艺团队和演出剧场就多达 80 余家，实现直接消费金额 162.1 亿元，惠民金额 10.3 亿元。文化类社会组织和志愿者也是参与公共文化服务建设的重要社会主体。自 2008 年北京奥运会以来，北京大力发展志愿者组织，公众参与文化事业的热情日益高涨，截至 2014 年，北京在册的文化志愿者达 30 万人。文化类社会组织也蓬勃发展。

笔者调查了北京市朝阳区辖区内 495 家文化类社会组织，发现以下特征：

（1）社会组织以社会团体为主，基金会较少。朝阳区文化类社会组织以社会团体为主，基金会最少，社会团体超过六成，为 60.6%，其次为民办非企业，为 29.7%，基金会仅为 9.7%（见图 4–2）。

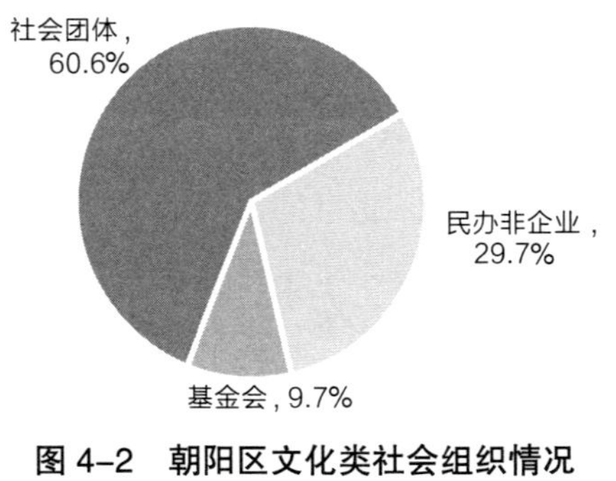

图 4–2　朝阳区文化类社会组织情况

（2）朝阳区文化类社会组织以发展时间较长、规模中小型的为主，发展时间较长的占多数。朝阳区社会组织发展时间在 11 年及以上的比重最多，占 66.1%，发展时间在 6 ~ 10 年和 5 年以内的相差不大，分别占 10.5% 和 10.9%（见表 4–3）。

表 4–3　朝阳区社会组织发展时长情况

发展时长	频数	占比（%）
5 年以内	54	10.9
6 ~ 10 年	52	10.5
11 年及以上	327	66.1
未填写	62	12.5
总计	495	100.0

（3）近七成文化类社会组织原始开办资金在 5 万元及以下。从社会组织的注册资金来看，最多的是注册资金是 5 万元及以下的，在 495 家社会组织中超过六成，其次分别是注册资金是 51 万元以上和 11 万 ~ 50 万元的，占 13.9% 和 11.3%，最少的是注册资金在 5 万 ~ 10 万元的，仅占 4.0%（见表 4–4）。

表 4–4　朝阳区文化类社会组织注册资金分布

资金分段	频数	占比（%）
5 万元及以下	311	62.8
5 万 ~ 10 万元	20	4.0
11 万 ~ 50 万元	56	11.3
51 万元以上	69	13.9

续表

资金分段	频数	占比（%）
不清楚	39	7.9
总计	495	100.0

（4）近六成机构全职人员为 10 ~ 50 人。朝阳区文化类社会组织以中小型为主，从人员规模来看，全职人员为 10 ~ 50 人的机构占 58.6%，全职人员为 51 ~ 100 人的机构占 15.8%，100 ~ 300 人的机构有 12.1%，10 人以下的机构占 10.5%，300 ~ 500 人的机构占 2.0%，500 人以上的机构只占 1.0%，大型机构相对较少（见表 4–5）。

表 4–5　机构全职人员规模状况

规模	频数	比例（%）
10 人以下	52	10.5
10 ~ 50 人	290	58.6
51 ~ 100 人	78	15.8
100 ~ 300 人	60	12.1
300 ~ 500 人	10	2.0
500 人以上	5	1.0
总计	495	100.0

（5）文化类社会组织以小范围服务为主，超过一成机构服务面向国际。58.8% 的机构服务面向朝阳区下属街道，56.9% 的机构服务面向朝阳区街道内的社区。机构产品和服务面向国内的为 38.2%，面向朝阳区的为 37.3%，面向北京市的为 30.2%，也有超过一成机构面向国外，机构比例为

13.7%。参与国际交流与合作的比较少，所有团队中仅有 15.7% 的团队有相关经历。由此可见，影响力仍有提升空间（见图 4–3）

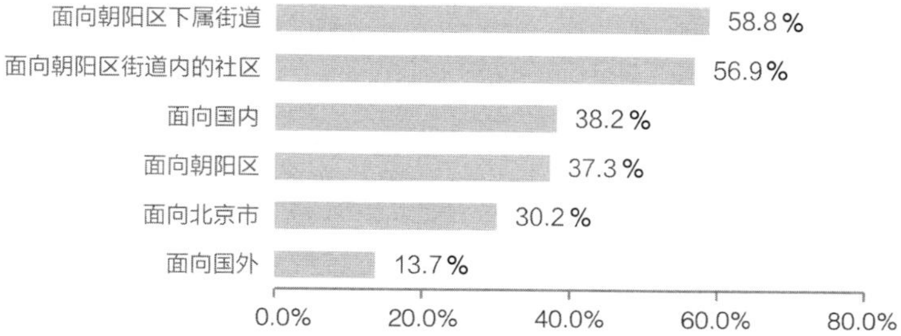

图 4–3　机构的产品与服务的辐射范围分布

（6）文化类社会组织整体的专业能力一般。机构和成员的专业性还有待提高，无论是机构还是个人，获得过专业荣誉与奖项总体比例均不超过 20%，70.2% 的机构近 5 年内都没有获得过专业荣誉或奖项，73.9% 的个人未获得任何奖项。在获得奖项的机构中，机构获得区级文化荣誉或奖励的最多，占 17.8%，个人获奖最多的也为区级奖项，占 14.1%，接下来依次是行业性、市级、省级。国家级、国际文化荣誉与奖项的比例均较小，国际级机构和个人获奖比例均仅占 4.3%（见表 4–6）。

表 4–6　机构和成员个人近 5 年内获得过的专业荣誉与奖项级别情况

荣誉与奖项级别	机构获奖		个人获奖	
	数量	占比（%）	数量	占比（%）
国际文化类荣誉与奖项	21	4.3	21	4.3
国家级文化类荣誉与奖项	44	9.0	31	6.3
省级文化类荣誉与奖项	42	8.6	35	7.1

续表

荣誉与奖项级别	机构获奖		个人获奖	
	数量	占比（%）	数量	占比（%）
市级文化类荣誉或奖项	66	13.5	55	11.2
区级文化荣誉或奖励	87	17.8	69	14.1
行业性文化荣誉或奖励	69	14.1	67	13.7
其他	1	0.2	2	0.4
都没有	344	70.2	362	73.9

文化类社会组织认为本机构本科及以上学历人才多的占 55.4%，认为本机构人才少的占 43.9%。选择很少的占 8.8%，选择非常多和很多的分别占 8.8% 和 13.3%（见图 4–4）。

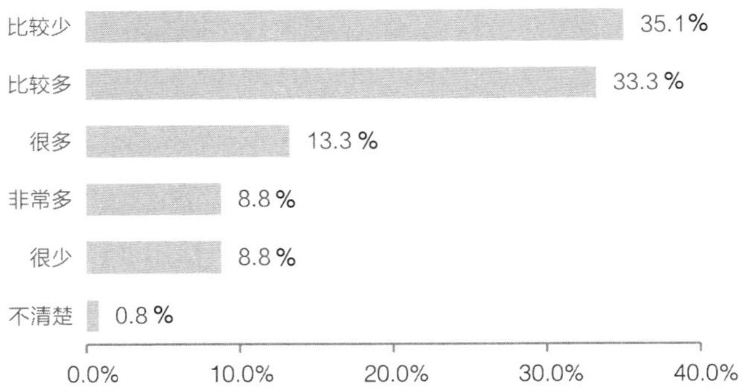

图 4–4　拥有本科及以上学历员工的比例情况

朝阳区无评级的文化类社会组织占大多数，在有评级的社会组织中，4A 级的相对来说比例最高，占 7.3%。在调查的朝阳区社会组织中，无评级的比例最高，占 82.2%，3.5% 的机构等级为 5A 级及以上，3A 级的机构占 2.9%，2A 级和 1A 级的都更少。除无等级的比例外，民办非企业表示自身为4A级以上的较多，占15%，基金会中5A级及以上的较多，占21.7%，而社会团体4A级的比例最多，占4%（见表4–7）。

表4–7　各类文化类社会组织等级状况比例

单位：%

等级	民办非企业	基金会	社会团体	机构
1A	0	6.5	0.7	1.0
2A	3.4	6.5	0.3	1.8
3A	2.7	17.4	0.7	2.9
4A	15	4.3	4	7.3
5A及以上	4.1	21.7	0.3	3.5
无评级	72.1	43.5	93.3	82.2
不清楚	2.7	0	0.7	1.3
总计	100	100	100	100

从以上调查从中发现，北京市文化类社会组织发展蓬勃且具有一定的发展基础，但是专业能力和整体实力普遍较弱，还有待进一步发展壮大。

（四）北京市政府购买公共文化服务机制日趋完善

北京市政府购买公共文化服务的探索实践不长。近年来，北京市积极响应中央加强公共文化服务建设的精神，结合市情和公众需要，发挥政府主导作用，出台多种具体政策，调动各种社会力量参与政府购买公共文化服务。由市委宣传部统一领导，市文化局具体组织实行，市财政部门、体育部门等相关部门也积极响应，各区县贯彻落实，为社会力量参与政府购买公共文化服务提供了较为通畅的渠道，也建立了较为规范的采购流程。

目前北京市政府购买公共文化服务的主要内容集中在以下四个方面。

第一，公共文化设施的委托运营和管理。将图书馆、文化馆、剧场、文化中心等公共文化设施委托社会主体负责运营和管理。如北京朝阳悠贝亲子图书馆、北京甲骨文街道图书馆等。公共文化设施委托运营减轻了政府的负担，政府不再直接承担运营工作，转向运营质量的考核与评估。专业性的委托机构有助于提升设施运营效率。在实践中，有采取 PPP 模式，将设施的建设与运营过程合并委托给社会主体，也有民营文化设施用于公共文化服务，由政府给予资助或补贴的委托运营形式。

第二，公共文化活动的承办。公共文化机构根据自身需要提出服务要求，由文化企业、文化类社会组织等社会主体提供服务，政府给予补贴或资助。目前北京各区县公共文化机构的常规服务，如送戏下乡、农村电影放映、周末大舞台、技能培训等，都广泛采取此类政府购买形式。就具体的购买方式而言也有很多创新，如北京市海淀区文化委员会搭建平台，通过项目申报、票价补贴、文化季活动等方式统一购买公共文化服务。

第三，公共文化服务岗位的购买。即由政府财政出资聘请工作人员在公共文化机构服务。目前大多数文化馆、基层文化中心都面临编制不足、人员紧缺的问题。在公共文化服务供给日益丰富、服务质量要求不断提升的情况下，配备充足的服务岗位和人员是公共文化事业发展的迫切需求。在一些尚未外包的公共文化机构，政府采取购买服务岗位的方式，聘用编制外工作人员，有效填补了服务人员缺口。在实践中，购买岗位包括专业的文化艺术人才、行政人员以及社工等类型。如北京朝阳文化馆常年通过政府购买的方式引入高水平文艺人才。

第四，监管评估与决策咨询的购买。专业化的服务监管和第三方评估，可以有效提升政府购买公共文化服务的效率。为进一步提高公共文化服务的管理水平、运营体制机制等方面决策的科学性，北京市越来越重视调查研究、专家咨询，引入社会知名人士、文化艺术界专业人士以及公众代表建立政府购买公共文化服务决策及监督机制。北京市已经将公共文化项目的考察及绩效评估服务等项目纳入政府购买公共文化服务指导目录，面向高校、科研机构、咨询企业购买决策咨询和绩效评估服务。

二、北京市政府购买公共文化服务的结构分析

结合北京市公共文化服务目前的发展情况和基础条件，北京市各级政府在制度建设、经费投入、社会主体培育等方面持续发力，在政府主导下积极探索政府购买公共文化服务的渠道和路径。

由于无法获得北京市政府购买公共文化服务的统计数据，笔者通过北京市政府采购网收集整理了 2011 年以来北京市各级政府公开招标的公共文化服务购买项目信息（见表 4–8），可以从中研究得出以下特点。

表 4–8　2011—2016 年北京市各级政府招标购买公共文化服务项目清单

时间	预算金额（万元）	名称	成交金额（万元）	购买主体	承接主体
2011 年 5 月 11 日		北京非物质文化遗产网上博物馆项目	156.82	北京非物质文化遗产保护中心	北京水晶石数字科技股份有限公司
2011 年 6 月 9 日		北京市文化局“五分钟说画”制作项目	173.94	北京市文化局	北京艾特菲尔文化有限公司

续表

时间	预算金额（万元）	名称	成交金额（万元）	购买主体	承接主体
2011 年 6 月 28 日		制定实施公共文化设施服务评价机制政府采购项目	137.7	北京市文化局	北京爱德森咨询有限公司
2012 年 4 月 23 日		首都图书馆文献整理、搬倒、排架项目	118	首都图书馆	北京国图创新文化服务有限公司
2012 年 8 月 9 日		北京市基层公共文化设施服务评估政府采购项目	141.6	北京市文化局	北京爱德森咨询有限公司
2012 年 10 月 22 日		北京市西城区图书馆公共文化设施维修改造设备项目	66.8	北京市西城区图书馆	深圳市海恒智能技术有限公司
2012 年 12 月 20 日	92	北京中心城区基层公共文化设施空间布局专项规划调研项目	92	北京市文化局	北京市城市规划设计研究院
2013 年 2 月 22 日		全国文化示范区创建工作经费——数字化建设政府采购项目	208	北京市朝阳区文化委员会	东蓝数码股份有限公司
2013 年 5 月 10 日	153.18555	第二届中国（北京）国际服务贸易交易会（动漫品牌授权洽商会）布展项目	149.858	北京市文化局	北京德智信文化传播有限公司
2013 年 6 月 20 日	169.32	北京市基层公共文化设施服务评估（二次招标）政府采购项目	167.5	北京市文化局	北京爱德森咨询有限公司

续表

时间	预算金额（万元）	名称	成交金额（万元）	购买主体	承接主体
2013年7月10日	64.5	花园路街道新建文化服务中心设备购买项目	64.26	海淀区花园路街道办事处	北京轩洋迅雷科贸有限公司
2013年8月19日	150	在媒体刊发2013演艺指南政府采购项目	149.6	北京市文化局	北京北广传媒城市电视有限公司
2013年10月10日		昆曲之旅：四大古典名著欧洲巡演及《续琵琶》赴香港演出项目	232.5	北方昆曲剧院	中国和平国际旅游有限责任公司
2013年12月3日		北京市文化局公共文化投入机制调研项目	60	北京市文化局	北京科学研究中心
2013年12月5日	100	北京市文化局拟定北京示范区建设标准政府采购项目	100	北京市文化局	北京市社会科学院
2014年2月26日		北京市文化局2014—2015年北京市百姓周末大舞台、周末场演出计划演出定点服务政府采购项目	未公布	北京市文化局	北方昆曲剧院等90家演艺机构
2014年4月30日		全国地方戏重点院团（北方片）优秀剧目展演项目	722.3	北京市文化局	中国评剧院有限责任公司
2014年6月4日		北京市文化局《演艺罗盘》政府采购项目	165	北京市文化局	北京北广传媒城市电视有限公司

续表

时间	预算金额（万元）	名称	成交金额（万元）	购买主体	承接主体
2014年6月12日		公共文化服务云平台区域数据中心（2012年中央资金）项目	394.7	首都图书馆	方正国际软件（北京）有限公司 天闻数媒科技（北京）有限公司
2014年6月12日		公共文化服务云平台区域数据中心（2013年中央资金）硬件及集成项目	171.6	首都图书馆	方正国际软件（北京）有限公司
2014年6月16日	164.6	2014年千名基层文化骨干培训政府采购项目	164.6	北京市文化局	北京戏曲艺术职业学院
2014年6月17日		北京市文联2014年集中采购定点委托服务（文化演出类）项目	308.357	北京市文学艺术界联合会	北京博睿佳音咨询有限公司
2014年6月27日	180	龙潭街道（幸福社区）文化服务中心改造项目	176.3	东城区龙潭街道办事处	北京驷骑中天网络工程技术有限公司
2014年7月2日	193.64	评估北京市基层公共文化设施服务效能政府采购项目	191.14	北京市文化局	福鱼翔海（北京）文化传播有限公司
2014年7月8日	0	公共文化服务云平台区域数据中心（2013年中央资金）建设——资源共享系统	39.75	首都图书馆	天闻数媒科技（北京）有限公司

续表

时间	预算金额（万元）	名称	成交金额（万元）	购买主体	承接主体
2014年7月8日		公共文化服务云平台区域数据中心（2013年中央资金）建设——云管理系统	39.1	首都图书馆	天闻数媒科技（北京）有限公司
2014年7月8日		公共文化服务云平台区域数据中心（2013年中央资金）建设——应用集成系统	39.4	首都图书馆	广州市品高软件开发有限公司
2014年7月14日	171.293659	龙潭街道（幸福社区）文化服务中心改造项目	170.01	东城区龙潭街道办事处	北京市崇华建筑工程有限公司
2014年7月16日		门头沟区示范性民俗文化演出服务采购项目	249.00	北京市门头沟区文化委员会	北京博睿立方文化传播有限公司
2014年7月30日		北京市文化局第十七届北京国际音乐节项目	1200	北京市文化局	北京国际音乐节艺术基金会
2014年8月5日	107.3016	北京市公共文化服务立法调研政府采购项目	107.3016	北京市文化局	北京大学
2014年8月5日		北京国际戏剧季、国际舞蹈季项目	479	北京市文化局	国家大剧院
2014年9月17日		北京市文化局海外中国文化中心系列专题片项目	194.48	北京市文化局	北京电视台
2014年11月2日		北京市文化局APEC工商领导人峰会文艺演出项目	495	北京市文化局	北京保利紫禁城剧院管理有限公司

续表

时间	预算金额（万元）	名称	成交金额（万元）	购买主体	承接主体
2014 年 11 月 3 日		北京市文化局2014年海外文化中心交流项目（专题片制作播出承办服务）	194.48	北京市文化局	北京电视台
2014 年 12 月 16 日		首都市民系列文化展演活动政府采购项目	51.6	北京市文化局	北京宏图飞鹏文化传播有限公司
2015 年 2 月 27 日		北京市残疾人联合会原创系列话剧《假如给我三天光明——借力》项目	300.014	北京市残疾人联合会	北京综艺博览文化交流有限公司
2015 年 4 月 1 日		京津冀演艺协作平台项目	558.95	北京市文化局	北京市对外文化交流有限责任公司
2015 年 4 月 9 日		2015 年第十八届科博会政府采购项目第 4 包主题报告会及领导接见	未公布	中国国际贸易促进委员会北京市分会	全国政协礼堂
2015 年 4 月 16 日		2015 年春苗行动优秀少儿题材剧目展演项目	285.8	北京市文化局	北京市曲剧团有限责任公司
2015 年 4 月 29 日		2015 年演出奖励补贴项目中标公告	570.5	北京交响乐团	北京保利紫禁城剧院管理有限公司
2015 年 4 月 30 日		第四届中国少数民族戏剧会演项目	377.5	北京市文化局	中国评剧院有限责任公司
2015 年 5 月 13 日		北京市文化局 2015 年亚信非政府论坛首次年会文艺演出项目	180.6899	北京市文化局	北京保利紫禁城剧院管理有限公司

续表

时间	预算金额（万元）	名称	成交金额（万元）	购买主体	承接主体
2015年5月19日		网页媒体服务政府采购项目	96	北京市文化局	北京广易通广告有限公司
2015年5月19日		户外广告服务政府采购项目	83.8635	北京市文化局	北京博睿时代文化发展中心
2015年5月20日		演艺罗盘政府采购项目	149.9	北京市文化局	北京北广传媒城市电视有限公司
2015年5月22日		舆情监测政府采购项目	80	北京市文化局	新华通讯社北京分社
2015年5月27日		2015年小剧场优秀剧目展演项目	34.5	北京市文化局	哲腾（北京）文化传播有限公司
2015年6月5日		微信文化宣传政府采购项目	34.00	北京市文化局	法制晚报社
2015年6月10日		“艺绽”宣传政府采购项目	48.00	北京市文化局	北京日报社
2015年6月12日		2015年北京金秋优秀剧目展演项目	515.00	北京市文化局	北京市演出有限责任公司
2015年6月15日		北京市文化局2015年赴英国举办“北京之夜”文艺演出项目	229.7	北京市文化局	北京中演环球艺术制作有限责任公司
2015年6月16日		北京市文化局“打开艺术之门”青少年赴德国交流活动项目	51.50	北京市文化局	北京保利紫禁城剧院管理有限公司
2015年6月23日		北京市东城区文化委员会东城区公共文化服务体系示范区建设项目	986	北京市东城区文化委员会	北京胜世嘉业科技有限责任公司

续表

时间	预算金额（万元）	名称	成交金额（万元）	购买主体	承接主体
2015 年 6 月 25 日		演艺罗盘政府采购项目	149.90	北京市文化局	北京北广传媒城市电视有限公司
2015 年 7 月 3 日		北京市文化局 2015 年赴英国举办“北京之夜”文艺演出项目国内演出团体彩排及演出等事项承办服务	49.10	北京市文化局	北京保利紫禁城剧院管理有限公司
2015 年 8 月 4 日		第三届北京惠民文化消费季政府采购项目	1145.418	北京市国有文化资产监督管理办公室	北京新京报传媒有限责任公司等 12 家机构
2015 年 8 月 18 日		社区宣教演出季活动竞争性磋商项目	198.00	中共北京市海淀区委宣传部	北京左岸右港文化传播有限公司
2015 年 9 月 17 日		北京市文化局赴摩洛哥、南非文化交流项目	239.60	北京市文化局	中国杂技团有限公司
2015 年 10 月 8 日		《京西古道》纪录片拍摄项目	128.40	北京市文化局	海南海视旅游卫视传媒有限责任公司
2015 年 10 月 14 日		全国地方戏优秀中青年演员汇报演出承办项目	490.00	北京市文化局	中国评剧院有限责任企业
2015 年 10 月 19 日		丰台区公共文化产品与服务配送平台项目——软件开发项目	210.00	北京市丰台区文化委员会	联合易迅（北京）信息技术有限公司

续表

时间	预算金额（万元）	名称	成交金额（万元）	购买主体	承接主体
2015 年 12 月 1 日		北京市朝阳区基层公共文化资金——东风乡文化广场演出设备项目	202.29	北京市朝阳区东风乡人民政府	北京友邦佳通电子科技有限公司
2015 年 12 月 8 日		丰台区公共文化产品与服务配送平台项目——监理项目	7.00	北京市丰台区文化委员会	北京易柯森特科技有限公司
2015 年 12 月 8 日		丰台区公共文化产品与服务配送平台项目——软件测评项目	6.68	北京市丰台区文化委员会	北京市电子产品质量检测中心
2015 年 12 月 11 日		东城区公共文化数字管理平台	159.07	北京市东城区文化委员会	成都时空引擎网络科技有限公司
2015 年 12 月 14 日		北方昆曲剧院新创剧目政府采购项目	69.7032	北方昆曲剧院	北京千山红日舞台美术制作有限公司
2015 年 12 月 16 日		北方昆曲剧院新创剧目政府采购项目	49.703	北方昆曲剧院	杭州蓝玲艺术服饰有限公司
2015 年 12 月 17 日		永定路街道社区级公共文化室建设项目	107.528	海淀区永定路街道办事处	北京明源高科工程技术有限公司
2016 年 1 月 26 日	220.8	RFID 自助借还系统	220.8	北京市海淀区图书馆	北京艾玛博远科技发展有限责任公司
2016 年 3 月 15 日		北京市房山区文化委员会专项资金 7 个文化项目	437.68	北京市房山区文化委员会	北京普巴软件有限公司

续表

时间	预算金额（万元）	名称	成交金额（万元）	购买主体	承接主体
2016年4月22日		行政村发射站运维	181.97	北京市新闻出版广电局	北京北广传媒移动电视有限公司
2016年4月22日		行政村发射站新农村改造移机政府采购项目	90.25	北京市新闻出版广电局	北京北广科技股份有限公司
2016年4月26日		演艺罗盘政府采购项目	141.85	北京市文化局	北京北广传媒城市电视有限公司
2016年4月26日		今日头条手机App宣传政府采购项目	96	北京市文化局	北京思睿文化传播有限公司
2016年4月29日		“北晚京生活”线上宣传政府采购项目	72.97	北京市文化局	北京欧申斯科技有限责任公司
2016年5月3日		顺义区2016年农村“文艺演出星火工程”采购项目	未公布	北京市顺义区文化委员会	北京悦民艺术团等27家单位
2016年5月13日		2016戏剧评论、创作及朗读系列活动	65.8	北京市文学艺术界联合会本级事业	宽友（北京）文化交流有限公司
2016年6月1日		文化京津冀系列专题片政府采购项目	249.18	北京市文化局	北京电视台
2016年6月2日		故宫博物院文创产品互联网营销平台	297.475	北京故宫文化服务中心	北京凝一文化发展有限公司
2016年6月6日		第九届北京国际青年戏剧节	180	北京市文学艺术界联合会本级事业	北京青年戏剧工作者协会

续表

时间	预算金额（万元）	名称	成交金额（万元）	购买主体	承接主体
2016 年 6 月 16 日		第十八届北京国际旅游节	716.5	北京市旅游发展委员会	中旅国际会议展览有限公司
2016 年 6 月 22 日		北京地区地方戏曲剧种普查项目	35.60	北京市文化局	北京戏曲艺术职业学院
2016 年 6 月 27 日		朝阳区成立街乡文联系列文化活动项目	285.57	北京市朝阳区文学艺术界联合会	北京金艺舟国际文化传播有限公司
2016 年 7 月 4 日	161.16	2016 年基层文化骨干培训班政府采购项目	161.16	北京市文化局	北京戏曲艺术职业学院
2016 年 7 月 6 日	170.6	首都公共文化服务示范区综合评估政府采购项目	168.3731	北京市文化局	京华观致（北京）国际信息咨询有限公司
2016 年 7 月 14 日		北京市文联团体会员单位优秀文艺节目创作展演政府采购项目	123.03	北京市文学艺术界联合会	北京世纪英蒙文化艺术发展中心
2016 年 8 月 1 日	400	北京市石景山区公共文化服务数字化平台建设项目	358	北京市石景山区文化委员会	华录出版传媒有限公司
2016 年 8 月 8 日		北京市国有文化资产监督管理办公室第四届北京惠民文化消费季政府采购项目	1702.1845	北京市国有文化资产监督管理办公室	大业传媒集团有限公司等 11 家机构
2016 年 8 月 16 日		东城区文化活动中心景泰蓝壁画《中轴盛景图》	231	北京市东城区文化委员会	北京市珐琅厂有限责任公司

续表

时间	预算金额（万元）	名称	成交金额（万元）	购买主体	承接主体
2016 年 10 月 9 日		参加第五届澳门世界旅游经济论坛（第二包：组织一场北京特色文艺演出）	198	北京市旅游发展委员会	北京歌舞剧院有限责任公司
2016 年 10 月 13 日		东城区基层文化单位购买基本公共文化服务（试点）	660	北京市东城区文化委员会	北京京演文化艺术发展有限公司
2016 年 10 月 14 日	106.42	2016 年北京体育产业展政府采购项目	105.37	北京市体育局	投资北京会展有限公司
2016 年 11 月 4 日	230	公共文化服务体系建设——公共文化数字资源建设项目	224.5	北京市石景山区图书馆	华录出版传媒有限公司
2014 年 12 月 4 日		北方昆曲剧院昆曲新排剧目政府采购项目	74.76192	北方昆曲剧院	北京千山红日舞台美术制作有限公司
2016 年 12 月 27 日		北京市文化局两微一端代运营项目	75	北京市文化局	镜鉴（北京）文化传媒有限公司
2016 年 12 月 29 日		北京市文化局和北京市对外文化交流事务中心欢乐春节系列活动项目	775.2497	北京市文化局、北京市对外文化交流事务中心	北京市演出有限责任公司等 9 家机构

数据来源：根据北京市政府采购网公开招标文件整理

（一）公共文化服务购买数量增长迅猛

从时间上看，2011 年北京市各级政府对外公开招标的公共文化服务购买金额（见图 4–5）为 156.82 万元、2012 年为 418.4 万元、2013 年为 1131.718 万元、2014 年为 3959.984 万元、2015 年为 4381.650408 万元、2016 年为 3529.157327 万元。近五年北京市公共文化服务购买量呈逐年增加态势，尤其是 2014 年以后，增速近 300%。但 2016 年购买项目数额有所减弱，一方面由于经济新常态下政府资金的投入有所减少，另一方面政府购买公共文化服务也趋于理性和规范。

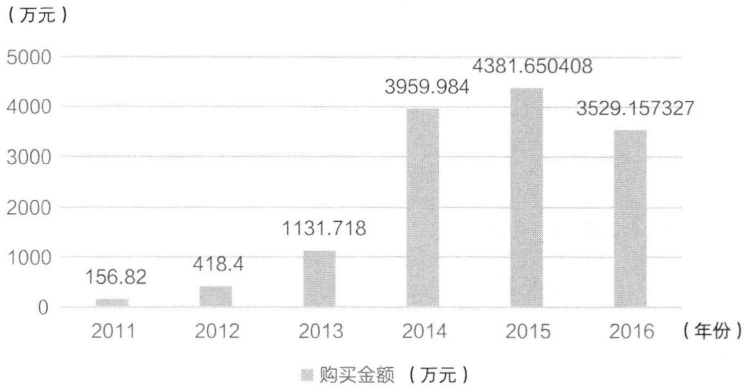

图 4–5　2011—2016 年北京公共文化服务购买金额

数据来源：政府采购网公开招标文件

（二）公共文化服务购买类型多元化

从所购买的服务类型来看，囊括了硬件和软件项目，其中硬件项目采购共有 15 项，主要是行政村发射站运维、公共文化室建设项目、公共文化设施的维修改造等项目，共涉及资金 5162.6 万元。服务型项目则共计有 89 项，主要集中在文艺演出、平台系统建设、重大文化活动等，涉及成交资金 11603.5077 万元。可喜的是，从 2012 年起，政府持续购买公共文化服务绩效评价服务。

（三）政府间购买动力不均

从采购方来看，北京市本级项目共有 81 项，约占全部项目的 77.9%，涉及北京市文化局、首都图书馆、北京市国有文化资产监督管理办公室等多家单位，成交金额约为 10657 万元。海淀区、朝阳区、东城区、顺义区、房山区等多个区县项目共计有 23 项，约占全部项目的 22.1%，涉及成交金额约为 6109 万元。其中东城区购买项目 6 个，购买资金为 2382.38 万元；朝阳区购买项目 3 个，购买资金为 487 万元。其他远郊区县则寥寥无几。

（四）企业参与程度较高

从承接单位的性质来看，主要有企业机构、事业单位以及社会组织三类。企业机构有 190 余家，占全部承接机构总数的 95% 以上，成交金额共计 10865.0829 万元；事业单位有 8 家，成交金额共计 1944.0248 万元（因部分成交公告未公布成交金额，因此统计结果有一定误差）；社会组织有 3 家，分别是首都剧院联盟、北京青年戏剧工作者协会以及北京国际音乐节艺术基金会，成交金额共计 3957 万元。

根据北京市文化局发布的数据，2016 年市局本级预算专项 1.3 亿元用于政府购买公共文化服务，实际购买支出 7800 万。2016 年全年北京市文化局在政府采购网上公开招标的项目共有 8 项，成交金额达 1526.2028 万元，公共招标项目金额占 23.8%（见表 4–9）。

表 4–9　2016 年北京市文化局公开招标采购公共文化服务项目

时间	预算金额（万元）	名称	成交金额（万元）	承接主体
2016 年 4 月		演艺罗盘政府采购项目	141.85	北京北广传媒城市电视有限公司
2016 年 4 月		今日头条手机 App 宣传政府采购项目	96	北京思睿文化传播有限公司
2016 年 4 月		“北晚京生活”线上宣传政府采购项目	72.97	北京欧申斯科技有限责任公司
2016 年 6 月		北京地区地方戏曲剧种普查项目	35.6	北京戏曲艺术职业学院
2016 年 7 月	170.6	首都公共文化服务示范区综合评估政府采购项目	168.3731	京华观致（北京）国际信息咨询有限公司
2016 年 7 月	161.16	2016 年基层文化骨干培训班政府采购项目	161.16	北京戏曲艺术职业学院
2016 年 12 月		北京市文化局两微一端代运营项目	75	镜鉴（北京）文化传媒有限公司
2016 年 12 月		北京市文化局和北京市对外文化交流事务中心欢乐春节系列活动项目	775.2497	北京市演出有限责任公司等 9 家机构

总体来看，目前北京市积极主导政府购买，市场参与资源配置，初步形成了各类社会主体竞争的局面，但竞争性购买机制还不够健全，正逐渐从非市场化模式向半市场化模式转变，在政府购买公共文化服务的方式和内容上有所创新和突破。

1. 北京演艺项目采购：公共文化活动购买的创新实践

从全国范围来看，公共文化活动是最为普遍的政府采购内容。北京市是全国演艺之都，演艺机构活跃度最高，影响力最大。2016 年，北京市各类营业性演出达到 2.4 万场，平均每天约有 70 场次的营业性的演出。北京市各类演艺院团达到 637 个，其中 92% 的演艺院团是民营团体。演艺项目是北京市政府购买公共文化服务的核心内容。多年来，北京市政府采用补贴票价、采购剧目和剧场补贴等形式，大力推动演艺院团尤其是民营院团参与公共文化服务供给。

第一，通过票价补贴进行文化惠民。北京市从 2012 年起推出低价票补贴政策，对以弘扬优秀民族文化、普及高雅艺术为导向的商业性演出，政府给予演出场所、经营单位一定的票价补贴。2012—2015 年，该政策累计补贴演出 2800 余场、46 万张、5300 万元。2015 年年末，北京市文化局印发了《北京市惠民低价票演出补贴项目管理办法》，对于北京市所有舞台艺术门类（不含通俗演唱会、旅游驻场演出及各种普及讲座）具有营业性演出资质的演出场所经营单位、文艺演出团体和演出经纪机构进行票价补贴，为各类社会主体参与公共文化服务购买又注入了一剂强心针。以 2015 年第四届海淀中关村金秋演出季为例，对于评定为 A 级项目，300 元以内的演出票，政府予以每张补贴票款总额的 80%；300 元以上的演出票，每张补贴 240 元。对于评定为 B 级项目，300 元以内的演出票，每张补贴票款总额的 70%；300 元以上的演出票，每张补贴 210 元。对于评定为 C 级项目，300 元以内的演出票，每张补贴票款总额的 60%；300 元以上的演出票，每张补贴 180 元。惠民票面向海淀区公众公开申购。2015 年中关村儿童演出季，200 元以内的演出票，每张补贴票款额度的 70%；200 元以上的演出票，每张补贴140元。

第二，政府采购剧目。自2014年起，北京市实施公益演出政府采购招投标，由北京市政府采购中心代为开展。“周末场演出计划”是北京市最早试水政府购买公益演出服务的项目，每年由政府出资2775万元购买750场演出。项目主要采取政府补贴与市场运作相结合的形式，由各区文化委员会从市文化局确定的参演团体清单中选择专业文艺表演团体向观众提供演出服务。为规范购买机制，招标公告向全社会公开，制定公平、规范的准入条件，对国有及民营院团一视同仁。通过公开招标集中北京市采购了90家承办院团，包括戏曲、儿童剧、话剧、交响乐等多种演出类型，中标单位中民营院团占到84%的份额。通过公开、透明、规范的竞争性政府采购，不仅满足了北京市民对演出服务的多元化文化需求，更进一步扶持和培育了一大批优秀的民营演艺院团，也推动了国有院团提升服务的规范化推行，还提升了国有院团的服务质量和水平。从北京市文化局政府2016—2017公布的采购公共文化服务中标名单可以看出，90家中标的演艺院团中，有31家为首次中标，而国有院团比例很小，仅有13家。此外，北京市积极推进基层购买优秀演出剧目项目，由市级财政每年投入3200余万元，为基层公开招标采购一批高扬时代主旋律、弘扬爱国主义精神、传播社会主义核心价值观的优秀剧目。北京市海淀区还创立了区级演出联盟，对演出团体、演出场所、演出经纪企业三方资源进行整合，搭建统一的信息发布平台，向海淀区提供优质的文化艺术演出、场所服务以及信息宣传、推介服务。

第三，剧场补贴提高公共文化设施的利用率。以2015年中关村儿童演出季为例，海淀区以市场化运作的方式汇集国内外高品质的儿童剧演出项目，将中间剧场作为主场，在7—12月陆续上演了60场优秀儿童剧目。海淀区政府除了在活动整体宣传推广、项目补贴、惠民票补贴等方面提供资金支持外，还对提供演出场所的剧场等公共文化设施给予补贴，在确定好剧场补贴总额的前提下，按照各剧场引入的项目评级情况，引入A级项目的剧场补贴8000元/项，引入B级项目的剧场补贴5000元/项，引入C级项目的剧场补贴3000元/项。为了解决排练场所、剧场供不应求的问题，北京市还建立了国内第一个以政府购买承接方式运营的公益性剧目排练服务平台——北京剧目排练中心。排练中心由北京市出资租赁废旧厂房进行改造，建有19个50—130平方米面积不等的排练厅，日常运营管理通过遴选的方式委托北京保利紫禁城剧院管理有限企业进行专业化运作。从2015年年底投入使用至2016年5月底，排练中心已接待89个剧目排练，76个剧目成功上演，排练厅使用近万次，借助此平台，运营方从中发掘了一些优秀剧目，利用保利院线的资源优势在全国各地的剧院演出，剧团和运营方实现了双赢。

2. 海淀北部文化中心社会化运营：政府购买公共文化服务的难点突破

公共文化设施运营服务由于专业性、综合性极强，购买标的较大，对承接主体的资质要求较高，一直是政府购买公共文化服务的难点。

2013—2015年，海淀区委、区政府历时3年，投资10亿余元，建成了88100平方米的海淀北部文化中心。文化中心积极吸取国内外先进理念，采取服务外包的方式探索公共文化设施的社会化运营。

第一，海淀区政府面向社会购买公共设备设施及专业设备设施。海淀北部文化中心公共设备设施采购项目由北京亚洲卫星通信技术有限公司和中建电子工程有限公司中标，中标金额分别为831.64626万元和105.8475

万元，主要承接电子巡更、智能照明、信息发布等项目。海淀北部文化中心图书馆设备设施项目由宁波大为金属制品有限公司中标，其中通用设备设施项目中标金额为 638.369 万元，专用设备设施项目中标金额为 198.666 万元。自助借还系统信息化部分及非信息化部分采购和后期安装调试标段由北京艾玛博远科技发展有限责任公司中标，中标金额为 906.8 万元，多媒体教室、多功能厅及少儿多功能厅设备设施采购和后期货物的安装调试标段由北京厚德兴华科技发展有限公司中标，中标金额为 442.2129 万元。

第二，海淀北部文化中心图书馆服务整体外包，委托专业机构运营管理。2016 年 5 月，海淀区文化委员会就海淀北部文化中心图书馆的运营、管理和开放服务工作面向社会公开招标，最终由艾迪讯电子科技（无锡）有限公司以 790 万元的金额中标。艾迪讯电子科技（无锡）有限公司承接海淀北部文化中心图书馆的运营、管理和开放服务，主要负责海淀区北部图书馆运行所需各类人员的招聘、培训和管理工作；利用各类文献信息资源，提供公众基本阅读的公益服务；馆内文献、设备设施、场地空间等国有资产的管理工作；策划开展图书馆各种阅读推广活动，培育 2 ~ 3 个图书馆服务品牌项目；开展数字资源服务和新媒体服务；对海淀北部地区所辖分馆、服务点的辅导和辅助管理，并保证磋商范围内各项软硬件设备的安全运行和实时维保。

第三，海淀北部文化中心文化馆服务整体外包，委托专业机构运营管理。2016 年 5 月，海淀北部文化中心文化馆服务外包项目面向社会公开招标，无锡市全中文化发展有限公司以 997 万元的金额中标。承接海淀北部文化中心文化馆的运营管理项目后，无锡市全中文化发展有限公司主要负责海淀区北部文化馆运行所需各类人员的招聘、培训和管理工作；利用场地和师资资源，免费提供公众活动场地和艺术普及教育等公益服务，包括承办政府主办的各类社会文化艺术活动，策划各类大型活动和展览展示活动，开展文艺团队、文艺骨干和爱好者辅导和培训，公众文艺创作辅导和推广，组建基层文化活动基地并定期指导等；馆内设备、设施、场地空间等国有资产的管理工作；开展数字资源服务和新媒体服务；开展非物质文化遗产保护工作；保障属于招标范围内各项软硬件设备安全运行、实时维保；对海淀北部地区所辖分馆、服务点的辅导和辅助管理工作等。

第四，购买专业咨询服务。在海淀北部文化中心图书馆、文化馆开馆筹备之初，海淀区文化委员会引入专家团队指导筹备工作。聘请图书馆学、文化馆资深管理人员、管理学、律师等专业人士为专家，聘请首都图书馆专业团队指导，召开20余次会议研究图书馆、文化馆设施设备、社会化运营标准和考核标准等指导筹备工作。

海淀北部文化中心探索“只养事，不养人”的公共文化投入机制，既解决了图书馆、文化馆编制紧张和人员紧缺这些瓶颈问题，也缓解了政府自身供给能力不足和居民公共文化服务需求日益增多之间的矛盾，实现了“小机构，大服务”，降低机构规模，有助于最大限度地发挥海淀北部文化中心的功能与效益，在一定程度上减轻了财政负担，同时提高了公共文化服务质量。

海淀北部文化中心图书馆、文化馆2016年7月10日开馆，截至2016年8月中旬，中心累计接待公众人数超3.5万人次。其中，文化馆各种艺术培训班报名人数达9000人；图书馆到馆人数为26867人次，借阅图书6573册，办理借书卡2384张。

无锡全中文化发展有限公司与海淀文化委员会的外包合同为一年期

限，持续到 2017 年 6 月。但仅仅合作半年，无锡全中文化发展有限公司便铩羽而归退出海淀北部文化中心文化馆的运营，“无锡模式”的可复制性遭到质疑。

在原有公共文化服务体系建设中，公共文化设施一般由文化事业单位进行运营，图书馆、文化馆的人员编制、事业核拨经费等都进入政府行政管理序列内。随着公共文化服务体系建设的加快，新建的公共文化设施日益增多，社会化运营公共文化设施的空间大大增加，但是具备运营资质和经验的社会主体远远满足不了政府的采购需求。图书馆标准化程度较高且运营模式比较成熟，易于复制。但文化馆的运营具有极强的地域性和专业性，文化活动的开展与当地文化土壤息息相关。

无锡新区文化馆处在开发区，馆所面积为 8000 平方米，周边住户较少，覆盖面积广但人口较分散，场地空置率较高。无锡全中文化发展有限公司是由无锡当地某文化馆馆长退休后创建的，负责人沈某熟稔无锡当地文化资源和文化馆运营管理体系，通过招标承接了无锡新区文化馆的运营。2013—2014 年成功运营后，2015 年无锡全中文化发展有限公司又续接了无锡新区文化馆三年的运营管理，每年运营费用 226 万余元。凭借运营无锡新区文化馆的成功经验，无锡全中文化发展有限公司成功中标海淀北部文化中心的运营管理。

海淀北部文化中心对服务外包工作有具体详细的标准和考核指标，对开展公共文化服务的内容种类、业务人员的配备、开展文化活动、预算支出等工作内容制定了严格考核制度，实现了公共文化设施建设标准化、成本细节化和管理规范化。

海淀北部文化中心文化馆服务外包工作项目业务考核量化指标说明

一、考核标准

（一）必备条件

（1）文化馆中设立的免费服务项目应保持在十项以上。也就是说以文化馆作为场地每周都开展的同时进行公示的免费服务项目，其中包含了免费的演出、视听、展览、阅览、培训、讲座、游艺、体育，还有给公众业余文艺团队提供免费的活动场地这种服务项目。

（2）具备数字服务基本能力。指在总馆网站平台下，提供发布消息、艺术欣赏（含视频点播）、网上培训、活动开展、咨询指导这五类能力。

（3）对于工作人员的配备来讲，主要门类应保持在八类以上。即音乐、舞蹈、戏剧（曲艺）、书法、美术、摄影、文学、其他（含理论研究、网络管理、非遗等）这八大门类。

（4）有公众文艺创作及辅导部门。

（5）公众对文化馆工作的满意度不低于90%。由区文化委员会执行第三方的考核工作，对公众的意见进行收集，调查人们的满意程度，调查表的发出量应该在300份以上，而回收的调查表数量应该在240份以上。

（6）执行党的方针政策，无违法违纪情况发生。违法违纪的情况主要有：本馆由于违法违纪行为收到通报批评及以上的惩罚；馆内领导班子的组成成员由于违法违纪行为，受到党纪政纪的处分或被追究刑事责任。

（7）年度重大投诉少于2个。

（二）考核内容

1. 队伍建设

（1）本科以上学历人数占业务人员总数比例不小于45%。

（2）职工教育及岗位培训全年达到48学时。

（3）业务人员的在职培训、继续教育每年应达到72学时。

（4）业务人员的数量应该占员工总数的75%以上，且业务人员主要门类配备不少于8类。

（5）业务人员一年内得到市级以上（含市级）表演奖、创作奖、辅导奖、科研成果奖、组织奖数量不少于5项。

2. 免费开放

（1）每周对公众提供服务的开馆时长不低于63小时，错时开放时间不少于总时长的1/3。

（2）年文化服务惠及人次不少于15万人次。

（3）服务内容提前1月公示且公示内容完整。

3. 馆办活动

（1）全年组织大型文化活动不少于7次。其中包括在广场、社区、企业、校园、乡镇等地开展各种大型的展览及活动。其中组织广场文化活动、辖区各乡镇参与的文化活动以及面向弱势群体的文化活动应各保持在一次以上。而弱势群体包括老年人、少年儿童、农民工群体、残疾人等。

（2）一年内开展的大型展览活动应保持在6次以上。大型展览的要求是每个展览线要在 60 米以上，而参加展览的人数要在 1500 人以上。

（3）一年内应当开展至少 4 次的各种理论研讨活动以及对外交流活动。

（4）一年内的课题研究同时得到成果的项目数不少于 2 个。

（5）全年组织公众业余文艺创作和公众业余文艺作品推广活动不少于 4 次。

（6）馆办文艺团队个数不少于 5 个。

（7）组织馆办文艺团队每年下基层（社区、农村）演出不少于 60 场次，到农村演出场次不低于总场次的 30%。

（8）全年开展民族民间文化（非物质文化遗产）宣传展示活动次数不少于 6 次。

4. 辅导和培训

（1）组建基层文化活动基地（示范点）不少于 15 个。

（2）全年开展至少两期的文化馆人员培训班。这里举办的培训班是对于全区全部文化馆站业务人员和业余文艺骨干而言的。

（3）开展至少 50 期的各种培训班。这里的培训班是对于全社会各类人员而言的，其中针对未成年人及外来务工人员的培训班比例还不应低于 40%。

（4）馆内人员一年内面向基层（含文化站、室、社区和农村）开展培训、辅导、调研的时期应人均不少于 48 天。

（5）馆业务人员年培养、辅导的作者、演员获地市级以上奖励数量不少于 4 项。

（6）组织老年文化培训，全年办班数量不少于15期。

5. 档案资料管理

（1）发行公众文艺辅导资料。这里的辅导资料指的是文化馆本馆进行编写印刷的，发行日期固定或不固定的公众文艺辅导资料，其中包含演唱的材料、作品集这类印刷资料。

（2）设有档案室、档案管理员，建有完整的艺术档案。

6. 数字化服务

（1）为文化馆网站提供原创信息更新量月均10条以上。

（2）为文化馆的网站提供发布信息、艺术欣赏（含视频点播）、网上培训、活动开展、咨询指导这类的服务。

7. 制度建设

（1）对于各项管理制度进行创立并完善。即岗位管理、业务管理、目标管理、人员管理、财务财产管理以及安全保卫和应急管理这七项规章制度必须齐备。

（2）建立起公众提出要求和对现有设施进行反馈的平台。例如，在网站设有公众反馈意见的专栏；投放公众意见箱；设立公众监督热线；设立馆长见面日；定期举办公众座谈会等，使公众的意见能够尽可能快速地传达，从而对当前的工作进行迅速的调整。

8. 业务建设

（1）按要求提报本馆整体规划、年度计划、总结；每季度提报本馆季度运营报告；每月提报本馆运营月报表。

（2）做好本馆及辖区分馆月、季、年及传统节日业务统计，撰写年统计分析报告。

（3）对本地区文化馆事业建设的综合性报告，不少于5000字。

（4）年开展自我评估2次，提供评估报告。

9. 资产管理

保障馆内各类设施设备等国有资产安全、运行平稳与合理使用。

二、监管与考核

（1）区文化委员会对服务商的人员聘用、资金使用、服务效能、运营质量实施全面有效监管和考核。

（2）服务商接受区文化馆对其的业务指导和管理。

（3）建立第三方测评机制，由主管部门根据需要通过第三方对服务商进行测评。

（4）考核工作由区文化委员会及相关部门会同专家组成专家考评组，于年度末进行。考核方法按照服务商准备材料、自评打分，考核组听取汇报、实地检查、座谈讨论、服务质量反馈测评、查看相关文件资料、评定打分的程序进行。

（5）考核结果与合同资金给付、合同续签挂钩。考核必备条件未全部达到视为年度考核不合格，区文化委有权不支付余款并责令其限期整改或中止合同。

海淀北部文化中心文化馆无论是规模还是覆盖人群数量等各方面，都与无锡新区文化馆有较大差距（见表4-10），无疑会给不具备外省市运营经验的无锡全中文化发展有限公司带来巨大挑战。海淀北部文化中心文化馆建筑面积为15000平方米，处于全国著名高教区，覆盖人群较为集中，主要服务于周边居民和海淀的高新科技企业，定位为地市级国家一级馆。海淀北部文化中心文化馆的运营难度大大高于无锡新区文化馆。

表 4–10　无锡新区文化馆与海淀北部文化中心文化馆运营情况比较

名称	建筑面积（平方米）	覆盖人群（万人）	当地工资水平（人/元/年）	运营经费（万元）	运营期限（年）
无锡新区文化馆	8000	60	44371	226.7	3
海淀北部文化中心文化馆	15000	38	84720	997	1

无锡全中文化发展有限公司在北京没有主场优势，要想符合北京当地公众的文化口味，势必需要在北京当地寻找合作伙伴或者重新聘请核心运营团队，但无论哪种方式都会增加企业的运营成本。

根据海淀北部文化中心文化馆的竞争性磋商文件，对于文化馆运营人员的要求，有艺术培训（不许少于 8 类）、流动服务、宣传推广、数字文化服务、会展演出服务、软硬件管理、业务管理、行政管理、项目负责人等外包服务工种，按照最低人员配置，文化馆运营人员需要 16 人，按照 2015 年北京城镇单位平均工资，每年运营人员的工资支出近 136 万元。而无锡全中文化发展有限公司作为一家民营企业，仅具有一年的运营期限，对人员招聘管理极其不利。而海淀北部文化中心对外包服务人员聘用的严格控制，如不允许使用兼职人员等导致无锡全中文化发展有限公司无法配备足够的艺术业务人员，最终退出了外包服务。

海淀北部文化中心大胆引入企业运营公共文化设施的创新探索，虽遇到一些挫折，但积累了丰富的经验。合格承接主体的匮乏、政府对参与主体合理回报和专业能力的尊重、政府采购程序的合理性等是政府必须正视的问题。

三、北京市政府购买公共文化服务的绩效分析

（一）决策机制：碎片化向制度化转变

2015年，北京市政府颁布《关于进一步加强基层公共文化建设的意见》，明确提出不断创新政府向社会力量购买面向基层的公共文化服务模式。2016年，北京市贯彻落实国务院办公厅《关于做好政府向社会力量购买公共文化服务工作的意见》，制定了《关于政府向社会力量购买公共文化服务的实施意见》（以下简称《实施意见》），编制了市级政府向社会力量购买公共文化服务目录。《实施意见》在中央颁布的意见基础上细化了多方面的具体要求，增加了文物和博物馆等领域的政府购买公共文化内容；购买主体方面增加了使用财政性资金购买公共文化服务的事业单位参照执行的内容，在承接主体方面，对于事业单位作为承接主体的情况进行了明确；建立向社会力量购买公共文化服务信用档案，实行激励退出机制；增加了"公共文化工作人员队伍的培训和考核"以及"公共文化项目的研究分析和绩效评估服务"两类二级目录以及多条明细目录。

北京市各个区县也紧跟步伐，进一步立足自身区情特色，细化了政府购买公共文化服务的一系列政策法规。海淀区财政局于2013年7月印发了《海淀区文化发展专项资金管理办法（试行）》，对购买公共文化服务给予大力支持。2015年6月，海淀区财政局又印发了《海淀区区级政府向社会力量购买服务的办法（暂行）》及《海淀区区级政府向社会力量购买服务指导目录》，明确提出对公益性文化产品的创作，公益性文化性活动的

组织与承担，中华优秀传统文化的保护、传承与展示，公共文化设施的运营与管理，文化文物培训，文化文物信息化服务及文物保养与管理等七类公共文化服务实施政府购买。朝阳区先后出台了《朝阳区大力发展博物馆事业的工作意见》《朝阳区鼓励促进博物馆发展的实施办法》《朝阳区公众文艺团队扶持奖励办法》《关于做好扶持朝阳区民办图书馆发展的意见》，并在相关的各个政策中确定了政府购买公共文化服务的具体措施和办法。

（二）效率机制：多渠道培育市场竞争主体

2015 年 11 月，北京市文化局制定印发了《北京市优秀公众文化项目扶持办法（试行）》，提出遵循公开、公平、公正，扶优扶强、注重实效的原则，运用市级财政以奖代补的方式对优秀公众文化项目给予扶持，培育优秀的文化社会团体。政府向社会力量购买服务优化了公共文化资源的配置，引导和鼓励了各类文化类社会组织的健康发展。政府购买服务项目提升了文化类社会组织的规范化、专业化和职业化水平，并相应提高了文化类社会组织的社会形象和群众基础，提升了公共文化服务开展的成效和水平。与此同时，在充分认识了文化类社会组织开展服务的专业能力水平后，也树立了政府将适合文化类社会组织承接的职能和事务剥离出来，交给文化类社会组织管理的信心。在社会主体培育方面，充分调动文化企事业单位、社会类文化类社会组织及普通公众的积极性，积极探索向文化类社会组织购买公共文化服务，培育文化类社会组织成长。如海淀区田村街道向睿翔社会工作事务所购买社区文化站阜四小院的运行维护服务。为扶持睿翔社会工作事务所，田村街道与永真基金会签订合同，以每年 12 万元的金额购买永真的培训服务，加强对睿翔员工作技能和理念的培训，提高睿翔的公共服务能力。

北京市文化资源丰富，文化产业发展成熟，公众文化需求旺盛。利用这一优势，北京市开展了“北京文化惠民消费季”，将产业平台与政府购买公共文化服务对接，通过消费季活动，推动了公共文化服务与文化产业的融合，既提升了公共文化服务的效能，又促进了文化产业的发展和文化消费的提升。

（三）协同机制：财政保障与联动机制

1. 制度与资金双保障

2012年北京市设立了文化创新发展专项资金，从2012年到2015年，每年投入专项资金100亿元，用于支持首都文化、文物、体育、旅游、广播影视、新闻出版、社科理论、精神文明建设和互联网管理等领域的事业、产业发展。文化创新发展专项资金成为政府购买公共文化服务的财政保障，大到公共文化设施的营建，小到民间艺术团体的演出，大量政府购买项目都受益于专项资金的支持。2016年，北京市预算涉及政府购买公共文化服务项目90余个，预算资金1.3亿元，在全国各省市本级财政预算中名列前茅。各个区县也积极投入，加大了政府购买公共文化服务经费预算。北京在政府资金的持续投入下，形成了一套较为完善的政府购买公共文化服务的资金使用监管体系。将政府购买公共文化服务的专项资金列入政府年度财政预算，从既有预算中统筹安排；对预算已安排资金但尚未明确通过购买方式提供的公共文化服务，根据实际情况，调整为通过政府购买服务的方式交由社会力量承办。同时逐步加大现有财政资金向社会力量购买公共文化服务的投入力度，在现有财政资金安排的基础上，逐步增加政府购买公共文化服务的比例。政府购买“师出有名”，购买资金来源非常明确、使用方向确定、管理规范，调动了各级政府的积极性，也激发了社会力量的参与热情。

2. 上下联动政府购买体系多层次

目前北京市公共文化服务购买在全市区域内铺开。在市政府层面，通过“百姓周末大舞台”“北京惠民文化消费季”等常规性活动以补贴、场地租用等多种形式集中购买服务，形成规模效益，成效显著。在区县层面，探索出符合地域实际情况的购买方式。北京朝阳区统筹各方力量，通过购买服务加快推动公共图书馆事业的发展。朝外街道文化服务中心、朝阳区图书馆、悠贝亲子图书馆三方合作，率先试点社会力量经营街乡图书馆。北京大兴区政府和文化企业签订协议，在政策、资金、宣传等方面为其提供支持，文化类企业根据经营特色服务社区公众。北京海淀区向国有企业威凯公司购买服务，共同建设“北太平庄地区威凯文体活动中心”。通过制度安排，北京市充分调动各级政府的积极性，上下联动，连点成面，政府购买成规模、成体系。

四、北京市政府购买公共文化服务存在的问题

（一）政策体系有待进一步完善

购买公共文化服务具有极强的政策性，政策的恰当与否直接影响到其效果和社会评价。目前北京市和各区县出台的购买公共文化服务相关政策，既有从宏观的层面指导购买公共文化服务整体推进的政策，也有具体到某类服务项目的购买政策，但从实际操作层面看，缺乏对购买公共文化

服务予以系统安排和整体设计；在具体领域，应该出台关于公共文化岗位（或社区文化类社会组织员）购买、非遗项目支持、各类社会主体参与公共文化服务购买的扶持和激励措施、购买公共文化服务效益评估办法等具体规章制度。此外，公共文化服务政府购买的预算支出安排较少，2016 年市级政府购买服务支出共安排 229.2 亿元，公共文化领域仅为 7600 万元。政府购买公共文化服务的比例在北京市公共文化服务投入中仅占 5.7%。

（二）购买服务领域相对狭窄

一是购买服务类型较为单一。政府购买公共文化服务的目的是丰富公共文化服务供给内容，提升供给效率以满足公众文化需求。而目前政府购买类服务项目基本上集中在书法、绘画、舞蹈的老年人培训和亲子教育等，地方丰富的高校、艺术文化资源尚未充分开发和利用。大量掌握文化资源、拥有服务能力的社会主体还没有进入政府购买的视野，缺乏参与公共文化服务的有效途径。二是政府对公众文化需求的考察不到位，政府购买服务的内容缺乏与公众需求的有效对接。在购买项目确定之前没有公众调研，政府凭意志单方面决策；在服务提供过程中没有公众反馈、满意度评价等反馈渠道。三是撬动效果不明显。北京购买公共文化服务的工作成效显著，但对文化需求引导、文化生产、文化创新的激发作用还有待提升。在购买服务过程中，应进一步将公共文化服务与文化产业相结合，通过对购买内容的设计，引导公共文化服务需求，从供给侧优化公共文化服务供给，激活文化消费。

（三）购买活动具有“内部化”色彩

政府购买服务的本质内涵是丰富公共文化服务的供给主体，实现供给多元化，提升服务效能。在政府购买过程中，购买主体与承接主体之间应彼此独立，建立契约关系，以明确买卖双方的责任义务。目前政府购买公共文化服务的承接主体有相当一部分是国有文化企业。鉴于国有文化企业正处于改制过程中，政府通过购买其服务对帮助其增强生存力量具有一定的必要性。但同时这无疑也造成了购买活动的“内部化”。这种内部性自然还会排斥市场竞争，使真正意义的社会经营主体获得的购买机会下降。“内部化”的另一个表现是将社会主体看作政府职能的延伸，将契约关系理解成隶属关系，社会主体欠缺独立性。例如，由政府出面或在背后组织承接主体的建立和运行，有时政府向承接主体随机摊派任务等。类似的情况无疑影响了政府购买双方主体的对等关系，造成社会主体额外负担过重，影响提供服务的质量。

（四）社会承接主体发育尚不成熟

规范有序、独立运作、健康活跃、竞争力强的社会主体，是政府购买服务市场上必不可少的承接力量。目前北京市承接主体的数量和质量尚不能满足政府的购买需要。很多政府购买项目征集不到合适的承接主体，没有竞标者或竞标者太少，只能与特定的社会主体协商设置项目，采取内部委托的方式操作。主体缺乏也会造成竞争市场无法形成，公共文化服务整体质量得不到有效提升。

（五）购买服务的流程规范不足

目前北京市政府购买公共文化服务尚未制订详细的流程规范，随意性较强。主要体现在：一是政府购买立项普遍缺乏科学论证，如何确定项目是否需要购买、适合购买，在立项之前需要进行考察和论证才能保证购买效果；二是在承接主体的选择上，缺乏公平公开的程序，多数政府购买项目没有招标，或对委托主体缺乏考察和认定；三是在实际提供服务过程中，政府和承接主体之间存在权责不清的情况，文化类社会组织缺乏自主性，有时甚至与政府形成隶属关系，承接政府布置的额外任务；四是在项目完成阶段，验收过程不够细致全面，或是有验收但没有明确评估指标，缺乏对公众满意度的衡量。总体而言，政府购买公共文化服务行为处于粗放式管理，不利于激发社会主体的参与活力，也不利于对服务质量实施有效监督。

（六）监管和评估不到位

从北京市购买公共文化服务的实践来看，客观、公正、准确、及时地评价服务效果的机制还没有完全建立，对购买项目的监管力度相对薄弱，主管部门发挥监管职责存在着诸多难点：监管目标多元，监管人员合同管理的能力有待提升，验收标准难以量化等，亟须建立行之有效的监督管理制度。一是缺乏监管环节的具体标准。在政府购买公共文化服务过程中，政府如何履行监管职责，在哪些环节实施监管，监管的程序应怎样实行尚缺乏具体的标准。细节的缺失导致监管效果参差不齐，有的项目每月验收，有的每年一次，有的涵盖了政府现场检查，有的只根据承接主体汇报来判断。政府监管作用没有充分发挥。二是第三方评估尚未引入，政府单独评估的方式仍占主导，公众满意度的测评有待完善。三是缺少对购买者的监督。在目前的评估工作中，政府既是公共文化服务的购买者，也是监管者和评估者。对政府在承接主体的选择、协议的签订、购买价格的合理性等方面，尚缺乏有力的考核监督，不利于发现和改善政府自身在购买中存在的问题。亟须加强政府购买服务信息公开及宣传，对带有全民普惠性质的公共文化服务加大宣传力度，便于社会公众了解公共文化服务内容，对项目实施和完成情况进行监督。

综上，北京在政府购买公共文化服务探索当中，采取了半市场化购买模式的制度设计和安排。政府积极主导，对适合政府购买的公共文化服务内容主动以政府购买的方式予以供给，出台各项政策鼓励和培育各类社会主体参与政府购买，建立了较为开放的竞争市场，一定程度上撬动了公共文化服务社会化的活力，政府购买公共文化服务成效初显，但是政府购买“内部化”的现象仍有发生。

第三节　我国政府购买公共文化服务市场化进程的困境

我国开展政府购买公共文化服务时间较短，实践经验较少，大部分地区的政府购买公共文化服务还停留在非市场化模式阶段。少数发达地区如北京、上海、广州、深圳等城市政府购买公共文化服务已经转向较为成熟的半市场化模式。将政府购买公共文化服务的经济性回归到行为本身，发挥市场竞争性，大力提升政府购买的效率，推动政府购买公共文化服务从非市场化模式向半市场化模式转变，不同地区面临的困境各不相同。但从总体宏观层面看，政府购买公共文化服务的困境集中于决策、效率、协同和责任四方面。本节将从决策机制、效率机制、协同机制、责任机制探讨政府购买公共文化服务市场化的困境。

一、政府决策方面

政府购买公共文化服务的决定由中央至地方均是由各级政府主管部门决策，且条块分割严重，导致政府公共文化服务呈现碎片化的特征。由于各级政府对向社会力量购买公共文化服务存在着差异化认知，在决策落实环节动力不足，而作为政府购买公共文化服务的受益方——社会公众又不具备有效的决策条件和渠道，因此受益效果大打折扣，政府购买公共文化服务的效率与公众需求相距甚远。

（一）中央主导下的碎片化参与

让利益相关方参与到所有公共事务的决策过程中，是公共事务管理向治理转变的必然要求。就政府购买公共文化服务而言，其本质在于吸纳社会力量参与公共文化服务供给，提升公共文化服务的效能，满足广大社会公众的文化需求和期待。因此公众的参与是供给质量提升的重要手段，但是政府尤其是中央政府在政府购买公共文化服务的决策中仍占主导地位，具体表现为：中央政府颁布《关于做好政府向社会力量购买公共文化服务工作的意见》，各地政府纷纷贯彻落实制定相关实施意见，制定发布购买目录。政府设置购买程序和流程，社会主体进行招投标，政府确定中标单位并实施。在政府购买公共文化服务的规则制定到具体实施过程中，公众几乎没有参与的渠道和空间。政府购买公共文化服务变成以行政手段配置资源的结果。最后中央政府主导着政府购买公共文化服务的责任界定，公众几乎丧失了话语权。政府购买公共文化服务不仅要提高购买服务的水平，还需要科学衡量购买效率的指标，但是政府缺乏购买行为的监测指标。因此虽然中央层面制定了各项政策，但地方政府或者凭自觉，或者模仿上级政府的做法，不仅使地方政府政府购买公共文化服务缺乏主动性，还导致各级地方政府购买公共文化服务的效率参差不齐。

（二）地方政府的差异化意愿

中央政府已经明确了政府购买公共文化服务的基本要求，制定了方向和原则，在此情况下，政府购买公共文化服务的效率高低完全取决于各级政府的行政意愿。中央政府负责政策制定，但政策的具体实施还要依靠地方政府。因此中央政府的决策虽然对地方政府形成了压力，但也迫使地方政府不断探索和实施多种措施来有效落实中央所提出的政策要求，公共文化活动、公共文化设施运营、公共文化服务岗位等政府购买形式都是地方政府的有效探索。但是地方政府对购买服务的意义和价值存在不同程度的认知。长期由政府直接供给公共文化服务所形成的思维定式，对社会主体的作用存在疑虑，对政府职能转变的必要性认识不深刻，对哪些服务可以交由社会力量推向市场竞争无法清晰界定，反腐力度下为杜绝寻租空间明哲保身的行政不作为，改革必然触动固有利益格局、涉及影响方方面面，因此存在求稳怕乱、等待观望的思想，不敢积极推行、大胆尝试，地方政府思想认识的不一致对政府购买公共文化服务的实践造成很大阻碍。

（三）采购机制的普遍化违和

从目前政府购买公共文化服务的政策制定环节看，较为粗略，实践当中盲点和漏洞较多，政策指导性不强。虽然国家和省、市接连制定出台了政府向社会力量购买公共文化服务的相关文件，对政府购买的内涵、实施主体、范围、程序进行了明确规定，但是在实际运用中还需进一步细化，以增加可操作性。因各地区现实情况不同，需要有针对性的政策设计。

目前，政府购买公共文化服务是在《中华人民共和国政府采购法》的框架下开展。但购买公共文化服务不同于购买普通商品，具有意识形态、质量不可量化、成果不可保存等特殊性，现有法律主要适用于工程设备类和普通服务类购买，不能全面指导和保障公共文化服务的购买。鉴于公共文化服务项目的绩效评价中经济效益和社会效益的不对等性，需配套专门的政策制度，采取符合公共文化服务客观规律的购买措施和绩效评估体系，才能真正推动政府购买公共文化服务工作顺利开展，并取得预期的成效。在实践当中，政府部门制定购买服务经费预算普遍存在“又要马儿跑又不给足草”的思维，没有留下合理的回报空间，使得承接主体望而却步。财政部门采购专家库缺少文化类专家，仅凭硬件条件、不顾文化的软性服务，在采购预算设置上无法做出合理判断。政府购买公共文化服务还存在增加企事业单位税费负担的现象。虽然政府采购经费是财政预算资金，实施项目均为公益性文化活动，但实行政府购买服务要计营业收入，必须按有关规定缴纳税费，增加了企业负担。如运营文化馆的主要支出是演出劳务性支出，而劳务支出增值税高达17%，承接主体税收没有优惠。

可见现有采购机制与文化发展规律存在着许多矛盾和冲突。

上海浦东新区金海文化中心于2015年对外开放，建筑面积超过1.1万平方米，服务面向曹路大居20万人口，在社区文化艺术中心中可谓“大块头”。浦东新区文化艺术中心采取政府购买服务的方式委托民非组织上海浦东上上文化服务中心开展运营管理。目前采取单一来源采购方式，购买合同一年一签，这对于文化馆运营管理此类设施服务购买项目而言严重违背了服务规律，一年的协议周期对于承接主体而言存在极大的不安全感，使其无法稳定人员、团队开展高质量的运营服务。受限于不稳定的服务周期，许多专业文化团队无法被引入文化中心开展服务。

除了采购周期问题之外，政府购买服务金额的低价也严重制约了社会类文化组织参与政府购买。按照《上海市社区文化活动中心基本配置要求》，社区文化活动中心服务人群一般为5～10万人，最低运行面积为4500平方米。而2011年上海市出台的《社区文化活动中心运行管理经费基本定额标准》中明确规定，社区文化活动中心的最低运行经费保障标准为175万元/年。以此标准计算，上海市一个服务人群为5万人、运行面积为4500平方米的社区文化活动中心每年运行管理的经费为175万元，从服务人群数量来看，金海文化中心服务人口为20万人，为最低服务人群标准的4倍；从运行面积来看，金海文化中心为最低运行面积标准的2.4倍，因此金海文化中心合理的运行管理经费应为每年420万～700万元。虽然《社区文化活动中心运行管理经费基本定额标准》中规定：“对规模较大、人流量较多的社区文化活动中心，适当上浮运行经费的基本定额标准”，但是上浮运行经费的具体标准却没有明确，政府采购金额的确定也无据可依。事实上金海文化艺术中心每年服务外包费用仅为271万元，服务内容包括物业管理、人员聘用、活动开展等，仅一年的水电、物业费用就需要支出50余万元，所剩的人员、活动经费更加紧张。而目前金海文化中心十余名工作人员的工资标准基本处于义工水平，人均3000多元，专业人才无法引进。幸运的是该文化中心的负责人周建义主任为浦东新区文化馆退休馆长，凭借其多年深厚的文化艺术人脉资源和文化情怀，很大程度上弥补了文化中心经费匮乏所造成的困难。但政府购买公共文化服务的健康发展不能仅靠文化类社会组织的情怀去支持，必须完善采购机制，给予社会力量参与政府购买公共文化服务的良好空间。

二、购买效率方面

效率是政府购买公共文化服务的本质要求，反映了政府采购的生产状态。在现有财政条件和供需关系下，效率要求各种社会主体都可以参与到政府购买的过程中，通过多元主体的竞争实现高效产出，改善政府购买公共文化服务的效率低下问题，最大限度地提升政府购买公共文化服务的效率，增强公众对公共文化服务的满意度。但在具体实践过程中，政府是责任主体，往往因为角色转换问题限制了其他社会主体参与。政府通过市场购买公共文化服务虽不是新鲜事物，但因为政府对于购买规则的认知偏差导致了一系列购买失范问题。文化类社会组织因为其非政治性和非营利性成为政府比较欢迎的承接主体，而现实的政策环境限制了文化类社会组织参与公共文化服务购买。政府要利用市场、社会、公众等多个主体实现政府购买公共文化服务的高效产出，就要正视各个主体及政府自身在效率生产中的问题。

（一）市场自愿供给动力不足导致购买失范

经过多年探索，政府购买规范的制定日趋完善，但仍会出现购买操作的“形式化”问题，这种规范与操作的失衡将导致购买公共服务形成“内卷化”倾向，因此需要对操作失范有清醒的认识。

1. 购买认知不统一

政府购买公共文化服务不仅是实践创新，更是理念创新。政府购买服务是政府的自我改革，是包括政府职能、边界的重新确定、事业单位的分类改革等在内的根本性系统改革。在具体实践中，无论是政府还是社会主体都对政府购买服务存在认知偏差。政府强调社会效益，市场主体着眼经济效益，两者存在较大的落差，这样的落差往往导致作为买方的政府方面“不愿买”和作为卖方的社会力量方面“不愿卖”；由于公众文化需求难把握，往往导致政府方面“不会买”和社会力量方面“不会卖”；文化类社会组织发育不成熟，承接能力有限，资质不健全，往往导致政府方面的“买不到”和社会力量方面的“卖不了”。

2. 购买范围有限

目前购买内容主要限于购买演出服务、举办大型文化活动方面，购买领域比较单一，范围有限。同时，企业及文化类社会组织的承接能力也限制了购买范围的拓展，政府大多采用单一来源或指定委托等形式确定承接主体，公开招标、邀请招标、竞争性磋商等方式还不能有效推行。政府购买服务的内容不尽合理，未能做到分类归并整合，购买项目小、散、杂，为具体制订相应的购买实施管理办法带来了较大的困难。以社工组织总量、政府购买资金及社工技能水平均列全国第一的广东省为例。2012 年，广东公布了《关于确定具备承接政府职能转移和购买服务资质的文化类社会组织目录的指导意见》，资质条件中只列了基本条件，但最后具备购买资质的仅有 9 个，而广东文化类社会组织总量达 5 万个。总体来看，政府购买中的“无谓服务”现象突出，地方政府由于不了解公众的真实需求和迫切需要，为了服务亮点照搬外地经验或者闭门造车，出现重复服务、无谓服务现象。

3. 购买选择功能弱化

目前政府的购买方式以弱竞争性委托及竞争性谈判为主，偏好打包式一揽子委托，购买的竞争性不强，选择空间不大。2015 年，广东省公布了具有资质承接公共服务的 91 个文化类社会组织，分别是 73 个社会团体、5 个基金会及 13 个民办非企业单位，其中行业协会和商会就有 25 个，具备专业资质的文化类社会组织少之又少，竞争性购买根本无从谈起。而关于承接公共文化服务的文化类社会组织，政府并没有明确的选择标准，表现出极强的任意性，有些地方甚至把对政府的服从程度视为选择的依据。而文化类社会组织及企业资质不足，政府通过各种方式成立机构，或者剥离现有机构中可以营利的部分来参与政府购买。这种形式性购买和非竞争性购买已经成为政府的购买惯例，从中可以折射出政府购买监控的缺失。

4. 购买方与承接方地位不对等

政府在购买过程中不仅有规定的例行购买内容，还经常加入额外工作。在《政府购买服务管理办法（暂行）》中关于购买方和承接方义务的规定不相称，购买程序中多为对承接方的规定。购买价格正常应由市场决定，奉行等价交换原则，但现实操作中却往往由政府根据财政预算确定购买价。

（二）文化类社会组织薄弱导致融合受阻

目前，我国尚处在社会转型期，政府职能转变不到位，市场机制发挥不充分，政府购买公共文化服务工作面临着大量体制、机制、技术等方面的现实困难，因此政府购买公共文化服务的承接主体本土化是较为明智的选择，以便在节约购买成本的同时更好地形成对承接主体的监督和考核。但由于文化服务的专业性，符合公共文化服务承接主体要求的文化类社会组织严重稀缺，这也导致公共文化服务的购买途径相对单一，无法形成良性竞争，难以实现成本节约和效益最大化。

目前我国文化类社会组织无论是数量还是质量，与西方国家都有较大差距。以每万人拥有的 NGO（文化类社会组织）数量为例，2014 年我国约为 1.45 个。以文化类社会组织总数和每万人拥有量均位居全国前列的浙江省为例，登记备案的文化类社会组织数量已突破 10 万个，其中正式登记的文化类社会组织有 3.37 万个，每万人拥有文化类社会组织数也只有 6 个，而 2004 年美国、日本和法国的数量分别是 51.8 个、97.17 个和 110.45 个，文化类社会组织发展较好的浙江省仅仅同罗马尼亚和埃及相近，甚至远远低于印度。

行业商会类组织及科技类组织有政府经费补贴，公益慈善类组织有稳定的慈善基金支持，我国文化类社会组织的物质保障不稳定，活动经费容易受到经济波动的影响。经费来源的不稳定造成文化类社会组织对政府的依赖。在社会捐赠不足和文化类社会组织自营收入能力较差的情况下，财政补贴成了文化类社会组织赖以生存的经费支撑，而发展基础薄弱、规模小、管理制度尚未完善的小型文化类社会组织难以得到政府的青睐和支持。但如果文化类社会组织长期保持和政府的密切联系并可以借此获得充足的资金支持，则容易造成效率低下和权力寻租等不良现象。

由于缺乏有力的经费支撑和规范的管理运营机制，目前我国大多数文化类社会组织难以吸纳高水平的专业服务人才，组织内部人员也大量流失，更有甚者需要依赖社会志愿者才得以勉强维持。随着市场经济的发展，文化类社会组织对资金需求的不断增加，营利收入渐渐成为支持文化类社会组织供给公共文化服务的重要收入来源。文化类社会组织适当参与商业活动获取一定的营利性收入，不仅可以发展壮大组织，分担部分公共文化服务成本，又能避免过度依赖政府和社会捐赠。但我国税法规定，除国务院财政、税务主管部门另有规定外，文化类社会组织的营利收入不免税。此外，当前税法规定企业或个人等社会力量必须通过中国境内的公益性社团或县级以上人民政府及其部门向文化类社会组织进行捐赠，才能享受税前扣除的优惠，且公益性捐赠的税前扣除比例不高，不可递延结转扣除。如果企业和个人直接捐赠或通过境外的公益性社团捐赠都不能享受税收优惠待遇。而我国具有公益性捐赠税前扣除资格的文化类社会组织，大多为官办或半官办性质，民间文化类社会组织机会较少。针对文化类社会组织的社会捐赠税前扣除条款缺失，在一定程度上削弱了社会对文化类社会组织供给公共文化服务进行捐赠的积极性。

（三）信息渠道不畅导致供需脱节

政府购买公共文化服务的购买方、承接方和需求方之间缺乏有效的信息沟通渠道。目前公共文化服务的采购缺乏权威平台准确、及时地向社会全面公开政府采购内容、购买方式、参与方的资质要求、中标者的情况等等信息。政府缺少有效的信息渠道了解公众的真实文化需求，无从对公共文化服务购买效果进行有效评价。

在政府购买公共文化服务过程中，往往出现双重委托代理管理关系（见图4-6）。在双重委托代理的关系下，委托方需要对公共文化服务的数量和质量进行研究和分析，从而对研究的结果进行评价和管理。公共文化服务的内容比较模糊，难以用准确的数据进行界定。因此文化类社会组织作为代理可以利用自身的身份去获取信息，从而获得利益。而街道或者社区作为中间人，具有双重身份：第一种是作为代理人对委托方进行管理，如果代理方监管力度不够，那么代理人可以通过获取信息来提高自身经济利益；第二种是扮演委托人，可以拉拢文化类社会组织或企业来帮助自己共同进行管理和监督，也可以共同合作形成同盟，霸占公共资产的所有者利益。但是实际上街道和社区作为中间人对资产并不能拥有和控制，资产增值的利益也不会影响到他们的利益，所以导致积极性不高，很难对文化社会类组织进行有效的管理，自身的利益和公共利益也会有所冲突，代理风险也会越来越严重。而当街道 / 社区与文化类社会组织 / 企业利益目标达成一致时，可以相互合作从而破坏委托方的利益，这样政府利益会受到影响。文化局、文化类社会组织 / 企业、街道 / 社区这三者价值取向不同，对政府购买服务进行的评价和分析产生一定的影响。[1] 在这种复杂的代理关系下，公众对公共文化服务的需求被彻底忽视。政府购买的承接主体在实践当中达不到公众需求，政府买的不是公众想要的，供需严重脱

---

[1] 陈天翔，郑佳斯．双重委托代理下的政社关系：政府购买社会服务的新解释框架 [J]. 公共管理学报，2016（7）：45-48.

节。例如，在中国政府采购网公布的政府采购严重违法失信行为记录信息中显示，衡阳鑫隆文物保护古建工程有限公司在小金县文化体育和旅游局红一、四方面军会师遗址——达维会师桥保护修缮项目政府采购活动中，提供的相关业绩材料以及项目负责人、技术负责人相关证书材料为虚假材料，构成提供虚假材料谋取中标的行为。该项目招标时间为 2020 年 3 月，而处罚时间为 2020 年 10 月，在此期间，政府部门为识别招标中企业的违法行为需付出大量监察成本。

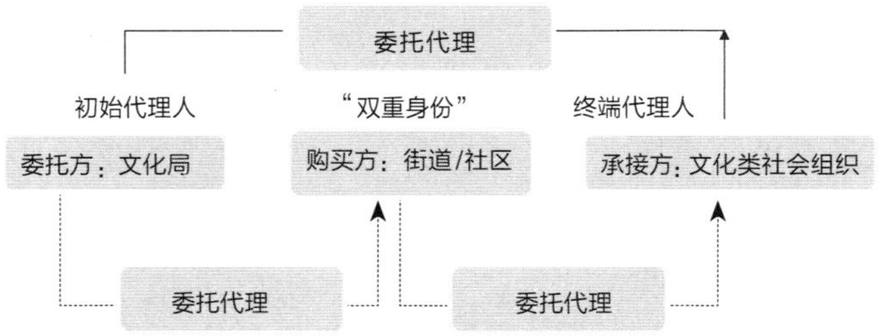

图 4–6 政府购买公共文化服务委托关系示意图

三、协同合力方面

面对公众多元化的公共文化需求，需要政府间及政府内合力供给，解决好资源及利益分割问题，推动政府购买公共文化服务良性开展。

（一）政府购买的主体财力不足导致资源协同受阻

自 1994 年中央实行分税制改革以来，中央财政的提成比重不断上升，在地方财权缩减的同时事权却在增加。中央政府为了解决财权和事权不对称的问题，在分税制改革的基础上采用专项转移支付的方式，对公共文化服务资金进行合理的分配和利用；政府之间可以通过竞争的形式来获得项目，从而获得资金的支持。目前各级政府购买公共文化服务的主要资金来源还是中央财政的转移支付，较少财力雄厚的省市如北京、上海、广东等设立了地方性的政府购买公共文化服务专项资金。

地方政府在提供公共文化服务中发挥着主要作用。目前中央政府在加大投资力度的同时往往要求地方政府必须配套资金，而地方政府由于财力有限，无法足额到位配套资金。当下我国绝大多数地方政府未将购买公共文化服务资金纳入改革财政体制，依赖于专项业务资金、预算外资金和由政府支配的社会捐助等。政府购买公共文化服务总体经费投入占事业经费的比重较低。随着经济发展进入新常态，地方经济增长趋缓、地方政府资金趋紧，保基本、保重点、保民生，精准扶贫成了省、市、县财政的基本任务，购买公共文化服务的预算资金总量有缩减的趋势。

（二）政府间及部门间职能划分不清导致主体协同困难

目前，现行政府向社会力量购买公共服务的程序不符合文化发展的规律。如政府采购周期较短，通常要求一年一招标，而公共文化设施运营的社会主体则需要长时间培育品牌和员工。如保利演出院线运营通常需要在8年以上。财政部门主导的政府采购招投标缺乏文化部门的深度参与，导致采购流标的现象频发。公共文化服务采购的招投标不是由文化领域的专家主导，而是由采购专家库里对文化发展不甚了解的人士来决策。公共文化服务供给是“大文化”领域，文化部、国家广电新闻出版总局等相关部门都是职责所在。“大文化”内部协调不足，政府购买往往费时费力，且内容重复、效率低下，如乡村文化服务项目。如果能够整体打包购买，则能发挥协同合力。

（三）政策的执行效率低下导致流程协同不畅

2003 年国家出台了《中华人民共和国政府采购法》，尽管当时规定政府采购的范围包括货物、工程和服务，但是仅限于服务于政府本身的服务，并不包括政府购买服务的相关内容。[1] 现行的政府购买公共服务的相关法律法规大多是指导性的意见，而实质性的购买标准和相关操作流程并没有明确的规定。在社会参与主体的界定方面，由于法律保障体系的不完善，现有购买公共文化服务政策缺少流程细节的指导规范，购买选择具有随意性，缺乏规范性、程序化的制度约束，其中的随意性和不确定性对市场机制作用的发挥造成了不良影响，也限制了外部监督的有效开展，导致频繁出现购买垄断和操作违法等问题。透明、公开是政府购买公共文化服务规范实施的前提，购买的资金预算、承接主体的资质、服务质量的要求、资金的支付方式等都必须向全社会公开。但是目前这些信息的公开程度都比较低，最终导致政府和文化类社会组织在承接过程中获得的信息不平衡，承接方不能充分了解政府购买公共文化服务的需求，这样一来承接方很难有效参与竞争。有些地方政府没有明确界定文化类社会组织和企业，只是单纯地把文化类组织作为企业来进行管理和监督，无论是对政府购买公共文化服务大规模的实施，还是文化类社会组织发展而言都是严重的制约。

---

[1] 杨柯．政府向社会组织购买公共服务的发展困境及道理选择 [J]. 理论月刊，2013（1）：58.

四、购买绩效方面

（一）考核工具总体短缺与结构失衡并存

当下，“要不要交给社会力量来提供”和“政府花这么多钱来购买服务到底值不值”这两种疑虑相互交织，并在一定程度上左右着政府购买公共文化服务的未来方向。其症结在于政府购买服务绩效评价没有成为政府购买服务过程所倚重的调控工具，无从判断购买服务能不能对公共文化服务供给的效率和质量带来积极影响。政府购买公共文化服务的绩效评价与政府绩效评价在主体、机制与方法上都存在差异，绩效评价的滞后折射出财政资金长期被低效使用的沉疴痼疾。政府购买公共文化服务绩效评价不仅是检验项目服务质量和资金利用效率的重要办法，也是推动政府购买公共文化服务规范发展、实现有效管理的关键措施，还是培育发展文化类社会组织、推动文化类社会组织公信力建设的重要抓手。

目前政府购买公共文化服务，既缺乏事前充分的市场竞争，事中又未建立起有效的监管，事后更没有开展及时有效的评价和分析。相关评估体系系统性缺失，缺乏科学的指标体系和测算方法，评估流程效率低下且缺乏组织机构的有力保障。公众作为服务的接受者缺少参与决策的渠道，仅靠政府官员和专家学者对政府购买公共文化服务进行评估，其结果显然有失公正、客观。

政府购买公共文化服务绩效评价在整个购买服务过程中处于末端，其出现的问题有些是因为绩效评价本身的技术手段欠缺，有些则源于流程机制设置的不合理。对这些问题的合理归因，决定了问题将在何种程度上得到有效解决。

在技术层面，政府购买公共文化服务绩效评价面临的问题主要有以下四点。

一是绩效评价指标设计。上海慈善基金会联合之路出现问题后，人们曾质疑其评价单位的公信力，然而评价单位申辩说按照他们的评价标准，联合之路就是没有问题的。这一事例反映出，任何评价指标都存在钻空子的可能。

二是评价框架与模式。早期对这一问题的解决方案倾向于发展出综合性的评价框架，但统一的评价模式难以有效评价各种不同需求类型的政府购买公共文化服务服务，近期分类评价模式逐渐兴起。由于服务项目的千差万别，分类评价的复杂性也随之增加，目前仅在养老、救灾、教育等个别项目中得到了应用，文化领域由于其复杂性更未适用。

三是评价工具与方法。行为事件访谈法、专家小组讨论法、调查问卷法、工作分析法等定性评价法依然是主流，而定量评价法尽管得到了一定程度发展，如层次分析、数据包络分析法、神经网络法等，但由于模型设计较为复杂，实用性不够而未得到普及。

四是定价机制。目前的绩效评价市场依然还不够成熟，集中体现在卖方市场条件下，绩效评价的行业定价机制尚未形成，打包、卖牌子、均价等定价模式都反映出评价方专业程度缺乏导致议价能力薄弱。

在管理层面，政府购买服务绩效评价面临的问题主要有以下四点。

一是绩效评价机构的资质。如绩效评价机构到底要不要设置准入，其标准和职业规范是什么，主管部门和第三方评价机构双方的权利义务关系，资格保证、利益回避、签名评分、信息保密等方面如何问责。

二是绩效评价机构的信息采集。评价机构信息采集通常采取单方任务式的收集，不仅成本高昂，还因为缺乏多个信息源的比对而无法保证信息的真实性。只有文化类社会组织的信息公开问题得到解决，评价中的信息搜集才能避免重复性的劳动，节约评价成本，并真正引入社会公众的参与。

三是绩效评价结果的发布。当前项目评价工具普遍被当成商业机密，评价报告变成了“不可见信息”，这不仅造成了被评价机构对评价机构的质疑，影响了评价结果的公信力，也一定程度上阻碍了绩效评价方法的交流和进步。

四是政府购买服务的市场空间问题。尽管前景广阔，但当前绩效评价的市场空间依然十分有限，行业只能容纳少数几家机构，而政府过分倚重少数机构在某种程度上又造成了垄断，“一招鲜吃遍天”的现象也屡见不鲜。

通过上述分析可以发现，政府购买服务绩效评价问题的症结是复杂的，围绕绩效评价工作本身就事论事而忽视对政府购买公共文化服务、对整个机制流程的研究和评估，这样会导致政府提供购买服务所带来的风险与责任单向化，不仅可能导致问题的错误归因，还可能使政府购买公共文化服务陷入低水平循环。

（二）行政惯性思维与既得利益形成环境约束

在公共文化财政投入资金保持不变时，政府购买公共文化服务将政府体制内的服务供给领域向社会力量开放，行政的惯性思维和形成的既得利益必然会有所抵触。政府本位对社会力量抱有疑虑，同时对改变习以为常的行政模式在思想认识上易懈怠和无视。而体制内的企事业单位在传统公共文化服务供给中所占的“市场”将被分割出去，维护已有利益在地方实践中屡见不鲜。公益一类事业单位参与政府购买公共文化服务的历程就是鲜明例子。公益一类事业单位由政府财政全额拨款，是由政府机构所管辖的部门，但作为政府购买服务的承接主体和发包主体，一直以来语焉不详，或者中央和地方政府的文件都没有提及，或者地方政府扩大了中央政府所规定的范围。如《国务院办公厅关于政府向社会力量购买服务的指导意见》指出："政府向社会力量购买服务的主体是各级行政机关和参照公务员法管理、具有行政管理职能的事业单位。"然而，地方的相关文件扩大了主体的范围，如《北京市人民政府办公厅关于政府向社会力量购买服务的实施意见》中指出："政府购买服务的主体是各级行政机关和参照公务员法管理、具有行政管理职能的事业单位，以及纳入行政编制管理且经费由财政负担的群团组织。其他机关事业单位使用财政性资金购买服务参照执行。"中央的文件中没有对承接主体的范围做出明确规定，北京市出台的相关文件中也没有，上海的规定中虽然相对明确，但没有对公益一类事业单位做出限制性规定。根据《上海市政府购买服务管理办法》，"承接主体包括在登记管理部门登记或经国务院批准免予登记的文化类社会组织、按事业单位分类改革应划入公益二类或转为企业的事业单位，依法在工商部门或行业主管部门登记成立的企业、机构等社会力量"。深圳市的范围则更加宽泛，《深圳市公众政府关于政府购买服务的实施意见》中指出："事业单位可以作为承接主体参与政府购买服务，但应符合国家有关政事分开的要求，并与具备条件的社会力量公开、平等参与竞争。鼓励通过政府购买服务推动事业单位分类改革，推进有条件的事业单位转为企业或文化类社会组织。"北京、上海、深圳作为我国政府购买公共文化服务的示范地区尚且有如此明显的政府保护倾向，其他地区就更不必说了。

目前，政府购买仍处于发展的初期，由于市场和社会发育不足以及购买服务制度不完善等原因，为了避免或减少风险，购买主体仍习惯于选择体制内的组织作为承接主体，在客观上限制了社会力量的成长，缩减了社会力量成长的空间，遑论市场竞争。政府购买公共文化服务的目的是为了更有效地提供公共文化服务，但是，在发包和承接政府购买服务的过程中，不排除会出现购买主体与承接主体相互勾结、钻政策空子、变相支出国家财政拨款的情况，从而造成国家财政的损失，影响了政府和公益一类事业单位的公共形象，背离了政府购买的初衷。在一些情况下，公益一类事业单位追逐承接服务带来的收入，运营模式向企业靠拢，然而又名不正言不顺，既影响了组织员工的心理感受，也不利于组织团结和公益目标的实现。组织内耗一般集中在“权”和“钱”两方面，“权力”的冲突会通过自上而下、系统的正式制度加以规范，对于公益一类事业单位来说，“金钱”以及由此所造成的纷争是组织内耗的主要方面。公益一类事业单位集中了大量的专业技术人员，相对而言，专业力量充足，基础设施完善，可以有效满足购买方的需要，实现资源的跨部门整合，部分解决既往的“信息孤岛”和“部门利益”问题。相对于政府机关、公益二类事业单位、经营类事业单位以及国企的员工，公益一类事业单位工作人员的工资收入较低，各种津补贴等福利较少，因此公益一类事业单位参与承接服务，可以在一定程度上提高员工的收入，稳定队伍，吸引较高层次人才加入。政府购买公共文化服务比较活跃的地区，编制管理也比较严格，参与政府购买服务可以解决公益一类事业单位总体编制不足、人手有限、工作任务繁重的问题，从而可以更好地满足社会的需求。从这些方面看，公益一类事业单位参与政府购买公共文化服务的优势可以用健全完善政府购买公共文化服务制度、培育文化类社会组织发展、补足公益一类事业单位的财政经费等来取代，而其所带来的缺点却和改革发展的方向背道而驰，因此公益一类事业单位逐渐退出政府购买势在必行。

2016 年 11 月，财政部、中央编办出台《关于做好事业单位政府购买服务改革工作的意见》（财综〔2016〕53 号），该文件对公益一类事业单位在政府购买服务中的定位做出了明确的限制性规定：“承担义务教育、基础性科研、公共文化、公共卫生及基层的基本医疗服务等基本公益服务，不能或不宜由市场配置资源的公益一类事业单位，既不属于政府购买服务的购买主体，也不属于承接主体，不得参与承接政府购买服务。”这可以视为政府推动政府购买公共文化服务市场化的决心。但是地方实践效果如何仍需观望。

（三）追责机制缺失

在多重问责主体中，自上而下问责主体主导了当前的问责格局。从问责内容的层面来看，自上而下问责主体左右了当前的问责内容，政府购买公共文化服务行为没有得到实质性的监管，而真正发挥问责作用的是公共文化服务规划者，即政府侧重于内部问责，政府购买公共文化服务问责工具也主要由自上而下的问责主体掌握，这些问责工具的背后有权力或者资源作为支撑，因而能够提出强有力的问责要求。自上而下问责主体的问责视野局限于政府购买公共文化服务的过程，将问责焦点定位于制定了哪些政策、提供哪些渠道、组织资金如何运作等问题，至于这些过程是否产生了效果，自上而下的问责主体关注较少。自下而上的问责主体在问责中倾向于关注政府购买公共文化服务的客观绩效和公众的主观感受，如政府购买的内容是否为公众急需和喜闻乐见的。过程是为结果服务的，政府购买公共文化服务的作为最终要由公众来检验，那么客观产出和主观感受才是责任追究的依据，政府购买公共文化服务责任的追究应着重于做到了什么，而不仅仅是做了什么。

而政府购买公共文化服务对购买方和承接方的追责仅为单一的追究主体，单一的追究范围。对文化类社会组织、企业等承接主体而言，违约责任和机制也不明晰，只要在提供公共文化服务的意识形态导向方面不出问题，对购买公共文化服务效率就不承担实质性责任，最多是一锤子买卖做完。追究主体单一违背了民主法治社会的治理理念，公众作为国家的主人，通过民主集中制将管理权力委托给立法机关、司法机关和行政机关，立法机关和司法机关是监督行政机关责任履行的合法主体，二者对公共服务供给主体及个人的违法违规行为具有监管权。除此之外，党的纪律监察机关和组织人事部门也享有一定的限定性问责权利。因此，必须将异体问责主体纳入责任追究的主体中。同时要拓宽非正式的异体问责主体的参与程度，公众是公共文化服务供给的直接利益相关者，他们对公共服务的供给绩效的评判最具说服力。在正式的异体问责主体发挥的作用都非常有限的情况下，文化类社会组织、公众、社团组织、新闻媒体等非正式的异体问责主体对问责过程的参与基本是流于形式。

第五章　国外政府购买公共文化服务的经验与借鉴

国外并没有明确购买公共文化服务的概念，公共文化服务作为公共服务的一种，被置于政府购买公共服务的系统内予以考量。因此，本章的视角切换为梳理、借鉴国外政府购买公共服务的经验。

第一节　美国政府购买公共服务的经验借鉴

美国通过民营化，采取购买服务的方式来实现公共服务的高效供给。在政治改革的背景下，美国于 1960 年开始实行政府购买服务，在西方国家中率先对公共服务进行大刀阔斧的改革。1962 年美国出台的《社会安全法案》准许州政府的福利机构向拥有一定资质的公共部门购买特殊的社会服务，拉开了美国政府购买服务的序幕。到 1990 年，政府购买服务已成为美国公共服务供给的首要方式。20 世纪末，政府财政投入达到 2078 亿美元，大约占社会服务部门资金来源的 52%。

伴随着 21 世纪的来临，美国购买公共服务体现出一系列的发展趋向。一方面，服务购买始终作为政府提供公共服务的主要渠道。按照相关协会的调查结果，联邦政府和州政府与非营利组织签订的外包服务合约所占比重为 69%；另一方面，相关调查还说明，美国提供公共服务的民营化产生了重要变化，即政府合同外包的比例在逐渐减少，地方政府部门与非营利机构共同提供服务的混合形式发生了快速的增长。美国的公共服务领域已经从公共部门或者是非营利组织的二分法朝着公私混合形式转变。政府既向非营利组织购买服务，同时也在管辖地区内实行公共部门和非营利组织混合服务的形式为当地的公共服务打造有效的竞争环境。这种转变不仅仅有利于维持市场所具有的竞争性，还试图维持地区政府对公共责任的履行。[1] 美国政府从市场化模式向半市场化模式的转变体现了公共服务市场化的反思。

即使美国和我国的社会环境、经济环境、政治环境、政策环境有着显著差别，但政府购买服务的主要目标趋同，公共服务的重要领域与根本特征相似。所以，美国政府购买公共服务，尤其是在专业化社会服务购买领域的一些经验值得借鉴。

---

[1] 吴帆，周镇忠，刘叶．政府购买服务的美国经验及其对中国的借鉴意义：基于对一个公共服务个案的观察 [J]. 公共行政评论，2016（5）：56-58.

一、购买程序规范

美国政府购买公共服务的环节以确定社会服务需要作为出发点，到最后评估服务成效的全阶段，所有流程均有严苛的规定。具体流程可分解如下。

（1）需求评估流程。政府部门主导展开社会需求评估。评估不仅由政府部门直接实施，还广泛聘请第三方机构开展公众需求评估工作。在此阶段中，由政府组织召开需求分析会议，并且聘请有关的非营利组织参加会议共同讨论。按照相应的评估结论，向全部非营利组织公开发布政府购买服务的信息和参与程序，确定招标资料和相关文件，保证政府采购信息公开、透明、畅通地传达给非营利组织。

（2）资质审查和竞标流程。政府部门对非营利组织提交的服务规划进行审查，通常采取两种方式：一种是由政府部门亲自对资质进行审查；另一种是政府部门招聘专家设立相应的评审团队，按照所设定的评估条件对服务规划进行详细的评估。

（3）正式签约前的协商流程。按照评审结论选择非营利组织之后，政府和承接方按照服务项目内容展开探讨，明确政府部门所需供应的资金数量和使用方式，以及非营利组织所必须提供的具体服务内容。

（4）签署合同流程。在采购方和承接方双方达成一致意见后，在确定服务目标与服务事项的前提条件下，双方商议签订委托合同，构建长期的合作关系。

（5）服务评估流程。在提供服务阶段，政府部门聘请第三方机构开展评估活动，跟踪了解服务的成效与质量，并按照评估结论决定是否终结或继续与该组织开展合作。

政府部门在购买服务的所有流程中均构建了完善的协商和监督机制。值得一提的是，在合同签署之前必须要经过一个协商与谈判阶段，以此促进政府部门的非营利组织双方进行充分的信息沟通与意见互换，为后续服务的开展打下稳固的基础。

二、合作关系稳固

美国政府购买服务主要是以合作理论与伙伴理论为基础，政府部门与非营利组织之间不是资金扶持者与被扶持者的关系，而是合作者的关系，双方为了满足公众的服务需求达成了利益统一。换言之，双方以服务对象的需要为导向，合作协调共同完成社会服务领域的公共职责。政府部门和非营利组织会构建“联合系统”，设立机制和工作岗位来确保双方的及时交流与协调关联。双方选定专业人员承担定时的互动沟通，有效共享服务中的各类信息，及时处理服务中的问题和困难，并且在特殊状况下联合商议更改服务规划。

三、政府角色得以强化

购买服务使政府部门的职责与角色发展转变。从某种角度看，若要使政府部门的专业能力得以强化，必须具备谈判、协商、沟通、判断、管理、评价、监督等综合性能力。政府部门不是把公共服务完全交给非营利组织，而是以管理人、协调人、监管人的角色提供服务。美国政府中购买服务项目运作的从业者一般包括项目从业者，主要承担服务监管工作与扶持工作，明确服务项目与范围等，第二种是行政从业者，主要承担监督非营利组织是否遵从法规制度，能否为组织内部职员提供人力保险系统，能否科学处置和企业运作相关的事项。前者是专门性人员，通常由拥有社会背景与经验的人员组成，后者是人力资源的专门人士。而近年来流行的由政府部门和非营利组织合作服务的混合服务模式，更进一步增强了对政府部门专业化角色的要求。

四、弹性管理

弹性管理是美国政府购买服务的主要特征。例如，非营利组织提供服务的时间周期按照具体情况确定。出于对非营利组织长期稳定运作的考量，政府购买服务的合约时间绝大多数是三年。服务项目进行后，服务对象的需求可能发生改变，服务效果与效益也初步展现出来。因此，根据这些变化调整设计服务规划、改变服务对象、调整预算科目等，都可能造成服务的实际内容和签署合约时存在巨大差别。所以，美国政府采用“证据为本”的管理形式。双方在互动交流的基础条件下，联合商定与决定，并且按照有关规定基于上述改变对合约里所涉及的内容进行一定更改。灵活的管理模式不仅能够提高公共服务效率，更好地顺应社会需求的改变，有针对性地提供公共服务，还能够及时回应公众期待，履行公共服务职责。

五、重视科学评估

在美国，不管是确定服务需求、评价非营利组织资质还是判定服务成效，政府部门一般会使用第三方机构进行评估，特别是对服务成效的评估，美国的成功做法值得借鉴。通常，第三方机构在进行评估过程中会将利益相关者（如非营利组织成员）剔除。但是评估人员并不是直接提供服务者，很难深层次熟知服务的整个环节。在对评估标准与服务规划进行明确的时候，必须从政府部门获得信息，以保证评估活动的科学性和合理性。在评估阶段，信息与数据收集通常是依靠非营利组织供应服务的一线从业者提供的。因此，美国政府规定在采用第三方评估模式时，必须加入各种利益相关者共同参与评估活动，特别是由一线从业者参与探讨，共同商量明确能够测量的评估指标来设计评估规范。这种方式确保了第三方评估规范更科学，也更具实效。

六、购买机制完善

政府部门和社会机构针对采购项目签署合作协议，是法律法规赋予政府部门的购买权限，属于政府合约的范围。因此该协议适合应用于政府合约的有关法律法规。美国联邦法与州法律是完全独立的，每个州均有权利自己拟定法规，所以美国的法律系统虽然繁复，但法律精神也存在相似之处。

目前美国联邦政府有关政府协议的立法包括《联邦政府财产管理法》

《联邦政府采购合同法》《联邦合同管理法》《政府服务采购改革法》等。以上法规从各种层面对政府部门招投标流程、判流程、拟定购买协议等进行了明确要求，构成了一套健全的购买合同法律系统。公开招标流程大致可以划分成6个不同阶段：明确公共服务事项阶段、拟定招投标材料阶段、对外公示招投标资料阶段、接收投标阶段、标书评估阶段与决标阶段。

依据《联邦政府绩效和结果法》，美国构建了一套十分健全的采购合同监管体制与考核评估系统。按照有关法规与采购合同的要求，政府应采用以下监督方法。第一是实施信息上报制度。服务供应人员把服务供给状况提交至政府部门展开审查活动，使相关部门能够更好地进行评估活动。第二是构建工作检查制度。政府按期对服务供应人员进行实地检查，检查者通常由政府官员与专家构成，深入到服务人员内部进行检查活动，针对某些关键项目，会由志愿人员进行监督活动。第三是建立供用户进行投诉的相关平台。公众可以针对服务质量进行反映和投诉，政府会根据意见做出处理。第四是审计监督体制。政府部门委托审计机构对承接服务的非营利组织展开审计活动。第五是进行阶段性评估活动。在此前提条件下，政府部门必须对非营利组织的服务展开整体评估活动，将此视作能否今后续约的参照。

美国政府部门购买图书馆公共服务是其提供公共文化服务的一种方式，对我国政府购买公共文化服务的借鉴意义更加直接。其大致涉及三种主体参与，即政府、社会机构和公众。政府是服务购买者，社会机构是服务提供者，公众则是服务接受者。政府部门和社会机构以合同确立合作关系，由社会机构负责向公众供应图书馆服务，而政府部门则承担监督责任与验收责任。

美国政府购买图书馆公共服务总共划分成两类：一类是硬服务，即可以标准化的服务。在拟定采购协议时合同双方可以就采购内容、采购单价、质量规范等进行具体商议，如安保服务、保洁服务、基础设施维护服务、建筑服务等。另一类是软服务，是指无法量化、确定标准的无形服务，如推广服务、咨询服务、活动服务等。前者便于使用竞争形式采购；而后者则更适合使用非竞争购买形式，如磋商协议，以便补充竞争形式存在的不足之处。协商形式和竞争形式存在着巨大的差别。在协商形式下，政府部门可以和具备专业服务水平的社会机构直接沟通，邀请有合作意愿的社会机构提交承接服务方案。承接方案必须明确服务项目与技术方式，但不必提交预算内容。政府以承接服务方案作为参照，并与社会机构开展协商谈判，最终明确具体合作内容。而针对首次借助竞争形式参与服务的社会机构，在合约即将到期之前，政府部门依据其以往服务水平做出能否续约的决策。为了更好地对采购成本进行严格控制，提升行政管理的平稳性，协商形式一般被用于续约。

总结美国购买公共服务的经验，对我国购买公共文化服务有如下启示。

第一，实施公共文化服务购买“投入—产出”评估机制。在政府购买之前，必须对政府采购项目的投入成本和产出利益进行研究，比较各种方案的投入成本与收益。只有在采购项目具有最佳成本和性价比的情况下，才开展政府采购。杜绝盲目的、不考虑产出的政府购买。

第二，规范和优化政府购买公共文化服务流程。进一步推动信息公开，在充分竞争的前提下降低政府采购成本。但不能机械地采用竞争形式满足购买需求，须对政府购买公共文化服务项目展开分类管理。借鉴美国政府的做法，可将其划分成软服务与硬服务。硬服务偏重效益与投入成本，软服务在此前提条件下更注重公益性。对这两类服务进行合理区分，并采用相适应的购买方式。

第三，建立弹性、灵活的政府购买公共文化服务机制。政府购买既不能机械化操作，也不能形式化，其归根结底是为了优化公共文化服务供给，满足公众的文化需求。因此在购买机制中，要以公众利益和期待为目的，以效率为导向。在采购服务周期、服务评估方式等细节程序中实事求是、尊重公共文化服务的客观规律。

第二节　新西兰政府购买公共文化服务的经验借鉴

新西兰政府以市场化发展为导向，采取完全不同于以往政府作为主体提供公共服务的模式，将市场机制与公共行政体系相结合，彻底改革公共部门存在的问题，创新政府公共服务模式。新西兰公共部门将服务作为主要导向，明确绩效标准，制定衡量标准，加大产出控制力度。

一、政府部门议行分离提升服务购买质量

自 1988 年开始，新西兰政府为了解决政府机构提供公共服务存在的问题，引入公共管理“掌舵”与“划桨”的思想，将政策决策机构与执行机构进行分离。各个部门负责人主要制定相应的绩效目标，由政府的执行主管负责实现绩效目标。此外，新西兰政府对政治职能机构进行了大刀阔斧

的改革，合并具有相似职能的部门，撤销效率低下的部门。政府转变服务形式，从服务的提供者转变为决策者、买单者、监督者。公共服务出资、购买和供应相区分，服务供应者展开激烈竞争，政府通过合同外包来为公众提供多种服务，并对服务具体内容做了明确规定，包括方式、价格、职能等。到 1992 年，新西兰政府预算成本节约了约 15 亿美元的资金，而政府部门财政开支也逐步降至 4%。议行分离的模式充分提高政府资金使用效率，提高了政府公共服务质量。❶

二、公共事业机构民营化改革充当服务提供者

1984 年以前，新西兰政府直接参与能源、交通等公共事业服务领域。但大部分公共事业机构经营动力不足、创新能力缺失、运作效率普遍不高。政府自从 1986 年之后开始公司化，逐渐转变政府公共事业结构性质，将其变为国有企业。这些企业不再受政府保护，而是直接参与市场竞争。但政府对国有企业要求较高，除了要实现商业利益目标，还要接受公共服务外包，成为政府提供公共服务的重要主体。公共事业机构企业化取得初步成效。但政府不善商业运营，也无法满足国有企业的竞争需求。因此，改革逐步进入到第二阶段，即民营化阶段。民营化主要针对企业化改革过程中存在的问题进行补充并不断深化。民营化措施实施之前，新西兰大多数企业工作效率不高，1989 年后，新西兰政府开始降低政府赤字，逐步提

❶ 彭婧．新西兰政府构建购买公共服务模式的经验与启示 [J]. 经济社会体制比较，2015（2）：56-59.

高政府工作效率，并出售政府资产以推动国有企业民营化发展，股权性质从单一国有化向多元化结构转变，同时逐步开放政府垄断领域。至 1994 年，民营化经营总额达到了 130 亿新元，占 GDP 的 16%。政府则利用出售国有资产获得更多资金，财政债务负担减轻，国有企业发展变化较大。根据相关统计数据发现，新西兰国有企业在制定改革措施之后，收入呈现出不断上升趋势，利润大大增加。而公共机构性质也发生了变化，一些公共事业机构实现民营化改革之后，不再享受政府特殊照顾，机构效益显著增加，额外负担减小，甚至打破单一化的服务垄断，创新政府公共服务建设，通过与私营部门竞争提供政府购买服务。

三、严格绩效机制强化政府公共责任

在改革之前，新西兰政府各部门职责不明确，对绩效低下者并未制定有效的处罚措施，中央集权的治理方式也给管理造成了许多制约。1988 年，新西兰着重引入政府购买公共服务模式，转变政府公共部门管理重点，由"投入"转向"产出"，制定相应的绩效标准对政府业绩进行考核。绩效协议中政府主管部门部长与执行主管是责任链条中的重要组成部分。协议明确规定了部长的职责，并制订了各个部门的绩效目标，而执行主管则要逐步实现部长制定的绩效目标。新西兰司法部则主要对执行主管服务绩效协议做相应评估，同时对执行主管提供的服务做出正确描述。而这一评估体系与员工绩效评估相似度较高，并具体地阐释了组织利益维护、组织目标实现、对产出效率与效益的追求等方面的责任是绩效评估的主要依据。

新西兰建立的政府购买公共服务模式为中国建立服务型政府提供了重

要参考，具有以下两点启示。

第一，公共部门市场化改革是公共服务购买发展的基础。新西兰政府采取多种措施来提升政府服务效率，扩大公共机构发展规模，减少政府开支与公务员数量。通过公共部门改革推动政府职能的转变，突破了政府体制机制障碍，不断加大市场化改革力度来创新服务形式，加大购买服务过程监督，最终顺利推动了公共文化服务供给的市场化。中国要完善政府公共文化服务，必须以文化体制改革为基础，通过政府职能的转变推动公共文化服务的社会化发展。

第二，非垄断方式下的服务提供者之间形成公私竞争与伙伴关系，有利于应对复杂的公共问题。中国目前的服务模式为“大政府、小社会”，严重影响了社会力量参与公共竞争。根据世界各国发展经验来看，仅仅依靠政府无法应对公共事务领域存在的问题，中国政府要改变传统观念，提高社会开发度，加强与社会文化类组织合作，解决公共文化服务供给问题。[1]

第三节 日本政府购买公共文化服务的经验借鉴

日本先于西方欧美国家新公共管理运动的兴起，早在 20 世纪 60 年代就开始注重向社会力量购买服务。经过近半个世纪的实践后，日本的政府

---

[1] 彭婧．新西兰政府构建购买公共服务模式的经验与启示 [J]. 经济社会体制比较，2015（2）：56−59.

购买服务制度已相当成熟，呈现出高度精细化、体系化的特征。如表 5-1 所示，日本建立了民间委托、PFI、指定管理者、市场检验等制度。

表 5-1　日本政府购买服务制度体系❶

制度名称	适用法律	购买主体	承接主体	购买内容	契约方式	监管主体
民间委托制度	地方自治法及其他	各级政府部门等	社会力量	定型化公共服务	民事合同（部分外包）	以主管部门为主
PFI 制度	PFI 法	各级政府部门等	特定目的的企业	公共设施一揽子业务	民事合同（整体外包）	以主管部门为主
指定管理者制度	地方自治法及其他	各级政府部门等	政府部门和社会力量	公共设施管理业务	指定（整体外包）	以主管部门为主
市场检验制度	市场检验法及其他	各级政府部门等	政府部门和社会力量	广义的公共服务	民事合同等（整体外包）	以第三方机构为主

此外，日本政府还通过立法保障非营利组织参与公共文化服务供给。日本政府在 1950 年就制定了《医疗法》《私立学校法》《社会福祉事业法》《更生保护事业法》等多个法律法规，为非营利组织在医疗、教育、社会福祉等领域的壮大发展提供了重要保障。受益于日本政府强有力的财政支持和税收优惠政策，大批具有高水平专业服务能力的非营利组织得以诞生，并在各个公共服务领域发挥着重要作用，逐渐成为“新公共”的重要参与者。日本与其他国家相似，非营利组织也面临着资金不足的问题。

日本健全的购买制度体系不断完善，为非营利组织持续获取资金来源提供了行动框架，有效化解了资金匮乏的问题。日本非营利组织的收入可

❶ 俞祖成．日本政府购买服务制度及启示［J］．国家行政学院学报，2016（1）．

从两个维度进行考虑（见表 5–2）。

表 5–2 日本非营利组织收入类型

服务对象	等价收入	非等价收入	投资收益
市民个人	付费收入	捐赠・会费	
政府部门	政府购买服务收入		
服务券收入	补助金・赞助费		
企业部门	付费收入	捐赠・赞助费	
NPO 部门	付费收入	捐赠・赞助费	
组织内部			利息・分红

从资金来源来看，可分为民间资金和公共资金。民间资金来源于市民、企业和非营利组织，公共资金则是指公共财政资金。从资金募集方式来看，可分为等价收入和非等价收入。等价收入是非营利组织通过提供专业服务所获得的具有等价交换性质的收入。非等价收入则是非营利组织获得的包括会费和社会捐赠等在内的不具有等价交换性质的收入。

日本非营利组织的整体收入状况具有以下几方面特点。

第一，等价收入的公共资金是非营利组织的主要收入来源，以政府购买收入与服务券为主要形式，其所占比例高达 70.8%。欧美各国则保持在 23% ~ 28%。而非等价收入的公共资金，例如赞助费或政府补助所占比例仅占 4.7%。

第二，民间提供的非等价收入，如个人、企业、基金会的捐赠或赞助费仅为 3.8%，而美国则达到了 12.9%，英国更是高达 31.2%。

第三，与世界其他国家相似，日本非营利组织等价收入超出了非等价收入。英国、美国、日本的非营利组织等价收入比例分别为 54.3%、

73.1%、91.4%，日本非营利组织的比例远远高于英美国家。

在厘清了上述事实后，日本学者后房雄指出：长期以来日本学界认为公共资金比例过高将对非营利组织的发展产生负面影响，容易导致其丧失独立性与自律性。事实上，非营利组织获得的公共资金主要是依靠其专业服务能力和竞争力获得的政府购买服务或者服务券收入，而并非具有免费性质的政府补助金，因此公共资金为非营利组织的发展壮大提供了重要基础。

为了优化日本非营利组织的收入结构，后房雄认为日本非营利组织要建立以等价交换性质的公共资金为核心的“公共服务型商业模式”（见表5–3）。这种非营利组织型商业模型是通过与企业和其他非营利组织在充分竞争当中获得实施民间委托事业、指定管理者事业以及服务券事业并获取以公共资金为主的收入，并在此基础上丰富自主事业形式，为解决政府和企业都无法应对的社会问题提供有效的解决方式。

表 5–3 非营利组织的收入类型及其商业模型

服务对象	等价收入	非等价收入
个人和企业	B 市场型商业模式（付费收入等）	A 捐赠型・志愿者型商业模式（捐赠、会费、赞助费、志愿者劳动力）
政府部门	C 公共服务型商业模式（政府购买服务收入、服务券收入）	政府投入（政府补助金、政府赞助费）

近几年，我国大力推行政府购买服务，但我国学界许多学者对此提出了质疑和担忧。政府购买服务收入虽然是公共资金收入，但具有等价交换性质，并不必然会损失社会组织的独立性。重点在于如何建立公平和竞争的政府购买服务市场。日本已经基本形成竞争性的政府购买服务市场，而

这正是我国政府购买服务的症结所在。因此，今后要加大对日本等发达国家政府购买服务制度政策的研究加以借鉴，加快构建我国政府购买公共文化服务的竞争性市场，推动我国文化类社会组织可持续发展。

第六章　我国政府购买公共文化服务模式的优化路径

针对目前我国政府购买公共文化服务市场化进程在决策机制、效率机制、协同机制、责任机制中的运行困境，为提升政府购买公共文化服务的效率，须思考困境的突破路径。在决策层面着重重构政社关系，提升公众参与的主动权，加强政府执政能力的建设。在效率层面，着重探讨如何让政府购买公共文化服务朝市场化、专业化、社会化发展。协同层面的优化路径在于如何处理中央政府和地方政府之间的利益，增强政府购买公共文化服务的资金保障和行政意愿。责任层面需要解决的是根据供给责任界定政府购买公共文化服务的衡量指标，对政府购买公共文化服务的责任履行进行有效监管和评价。

第一节　重塑政社关系优化政府购买决策

一、从传统集权转为多元协同

传统公共文化服务供给模式，是以政府纵向条线控制下的集权式管理，中央、省、市、县、乡（街道）、社区（村）六级公共文化服务体系构成树状的行政结构。在一体化的集中决策下建立了科层式的生产、分配公共文化产品系统，资源往上级政府聚集，政府将公共文化服务系统中的供给角色与生产者集于一身。而作为现代政府的供给模式，政府购买公共文化服务建立的是果状结构的多元结构，以契约管理为主代替行政管理，实行多中心的分散决策，在一定程度上突破了层级壁垒，有利于促进资源流通，建立公文化服务供给者和生产者的平等关系。政府购买公共文化服务的行为本质是完善现代公共文化产品供给，重新塑造政社关系。

政府购买公共文化服务在我国尚属于新生事物，是否能健康有序地发展，环境因素是关键。政府购买公共文化服务须以深化文化体制改革为前提。第一，政府及其职能部门要站在全局的高度来认识其重大意义，避免从部门利益出发给改革设障碍、添阻力。第二，对政府购买公共文化服务持包容性态度，容忍失败，鼓励试错，不能因为一些失败的改革案例就全面否决政府购买公共文化服务的价值和意义。第三，应努力创造公开与竞争的改革环境，提高政府购买的透明度，充分保障公众知情权，避免暗箱操作，提高竞争度，让更多的文化类社会组织能参与其中。第四，政府购买公共文化服务改革是行政管理体制改革的一个组成部分，不能脱离大的政治、社会、经济环境去单独推进，一定要结合财政体系和事业单位的改革综合推行。

计划经济下的政府管理一切，是“万能政府”，而市场经济下的政府是“有限政府”，无法包揽一切，该放权给市场的给市场，该放权给社会的给社会。从理论上看，政府设置服务购买标准，选定具体服务承接对象，这些工作需要政府和承接方商讨决定，政府与社会组织应当是平等、竞争的合作伙伴关系。但事实上，社会组织往往成为被动接受的一方，无法承担独立自主、公平竞争的合作伙伴关系。那些和政府关系密切、体制内资源丰富的社会组织往往更容易中标。有些地方政府在购买服务的时候，如果没有满足要求的社会组织，甚至会自己成立社会组织去完成购买服务。这样一来，在购买服务过程中，政府和社会之间就形成了“非对称依赖”。一方面，社会组织对政府组织有着强烈的依赖性，另一方面，社会组织又作为契约的承接方需要同政府谈判，社会组织在服务购买过程中的艰难处境不言而喻。

阿迪尔·纳加姆（Adil Najam）的4C理论模型（图6–1）认为，根据双方的价值目标和偏好策略，政府与社会组织之间的关系模式可以归纳为合作关系、冲突关系、互补关系和吸纳关系。在公共文化服务的供给中，作为购买方政府的最终目的是实现公共利益，而文化类社会组织作为承接方其最终目的是生存与发展。尽管双方的目的不一致，但可以通过自身的专业能力来达成目标，政府与社会组织可以建立吸纳的伙伴关系。而在关系缔结中政社双方逐渐达成目标共识，则有可能发展成互补乃至合作关系。推进政社合作，需要双方解放思想，达成合作共识，掌握合作能力，找到合作的技术路径，以公众的需求作为双方合作的内容。

		目标	
		相似	不相似
偏好的策略	相似	合作（Cooperation）	吸纳（Co-optation）
	不相似	互补（Complementarity）	冲突（Confrontation）

图 6-1　阿迪尔·纳加姆 4C 理论模型

在政府购买服务中，文化类社会组织与政府之间除了委托代理关系之外，还有可能是管家关系和伙伴关系。当政府购买承接方式的竞争程度较低，且合作双方的平等程度也较低时，文化类社会组织与政府的关系倾向于管家关系；当政府购买承接方式的竞争程度变高，且合作双方的平等程度也得到提高时，文化类社会组织则倾向于以政府的伙伴角色出现。

委托代理注重的是建立在合同之上的责任制度，管家关系则更加重视建立息息相关的信任以及共同目标，伙伴关系则更加强调合同延伸出的平等、合作。公共文化服务购买更加适合基于信任、名誉、共同目标的长期合作关系。随着政府和文化类社会组织合作的加深，政府在管理外包的时候，会逐渐把注重个体项目的委托—代理关系转化成注重共同目标的委托—管家的关系。政府身为管理机构，不应把精力放在监督管理社会工作组织上或者合同的管理上，而应该尽力保证下一级政府正确领会并贯彻目标。从某种程度上说，合同管理需要与科层管理实现有机的结合，上级政府和下级政府具有相同意愿时，最终的工作成效会更符合上级政府的期待和要求。政府得以实现从封闭式的“小循环”到开放性的“大循环”转变，从大量“管不了、管不好”的日常琐碎事务中摆脱出来，致力于宏观公共文化政策的研究、制定与调控和制度供给服务，从而实现管制型政府向服务型政府转型。

从治理体系构建的角度来看，政府可以进一步扩大文化类社会组织准入范围，不仅让文化类社会组织参与公共文化服务提供，还可以发挥其在文化治理方面的积极作用。目前政府购买公共文化服务政策缺乏长远考虑，不同部门之间缺乏关联和系统的考量和设计，文化类社会组织跨区域服务受到政策局限。政府购买公共文化服务和培育文化类社会组织的政策呈现权益性和碎片化的特点。政府需要完善不同部门之间以及不同地区之间的政策协作和互动，支持文化类社会组织跨区域进行项目招标和实施，以此提升购买服务的水平，推动不同的文化类社会组织之间的公平竞争，提升文化类社会组织的整体发展水平和服务水平。文化类社会组织则需要加强自身的能力建设，提供更为专业的服务，加强文化类社会组织自身的建设治理，突出独特的价值所在。

二、从私人偏好转为公众理想

从政府购买公共文化服务的流程设计（见图 6–2）来看，公众诉求是政府购买服务的起源。政府购买公共文化服务不单是为了展现政府转变职能而自导自演的政治秀，而是政府主动甚至先于公众期待向公众理想靠拢的实践。公众理想的实现有赖于政府赋权下的社会参与。地方政府在公共文化服务供给中赋权文化类社会组织和公众参与政府购买的决策、执行以及监督评估。赋权参与可以进一步优化文化治理结构，激发文化类社会组织和公众的创新性和有效性。

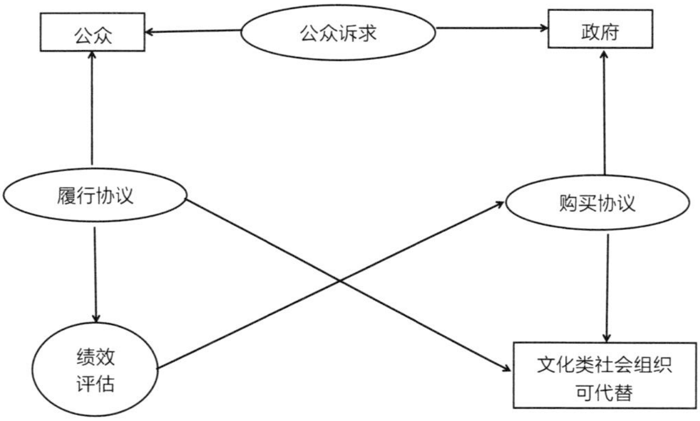

图 6-2 政府购买公共文化服务的流程

目前政府购买公共文化服务是由国家“发包”、地方政府“打包”、基层社会“抓包”的纵向条线控制和市场竞争相结合的治理方式，补充和替代了传统科层制指令性，是一种竞争性赋权。

赋权当地政府按照自身需求和意愿来制订行政方案，根据当地的具体特点和需求勾勒出符合公众的美好愿景。把权力转交给公众，发挥公众的想象力和自创新性。创新是完全有别于传统思维的路径，因此由权力中心进行自上而下的设计来推动创新不太可能。基于此，赋权式参与是推动文化社会治理的有效手段，也将有效推动政府行政改革。[1]

广泛的社会参与需要注重扶持与培养现代文化类社会组织，形成了多层次、多方位的网络体系。建立开放、公开、规范的政府购买公共文化服务环境，鼓励和引导社会力量积极参与，大力培育“替代性生产者”，使体制内机构和体制外社会力量实现有效竞合。体制外的创新探索和经验示范可以激发体制内文化资源活力迸发，实现良性互动。

政府公共文化服务决策应该以有效的社会参与作为起点。社会参与取得成功有赖于政府提供政治上的支持并制定清晰的政策框架，工作人员经过专业培训，对议题有足够的了解，根据目标群体意见制定的供给规划提升政策的适用性。在供给决策中吸纳公众的参与，通过双向信息交流了解公众偏好，供给决策本身就是对公众需要的回应。

对政府来说，公共文化服务购买项目设计要精准。层级越高的行政单位越应购买具有统筹性和引领示范性的服务（如中央财政支持文化类社会组织参与服务项目），层级越低的行政单位越应购买托底保障性（如惠民演出）和具有普惠特征的创新性服务。政府在购买服务中要与承接方达成合作关系，摆正位置，让渡适当的权力空间。

对文化类社会组织等承接方来说，落实好政府购买服务项目首先要把政治意识、社会责任、服务精神、专业品质和公众工作能力摆在突出位置，缺一不可。要把政府购买服务项目与一般的商业行为和公益慈善行为区分，凝聚和增进社会信任、传递和执行政策方针、维护和发展公众利

---

[1] 郑晓华．社区参与中的政府赋权逻辑：四种治理模式考察 [J]. 经济社会体制比较，2014（6）：45–57.

益，是政府购买服务项目考核的刚性指标。要摆脱行政化思维，组织的内部架构和运作方式可以各异，但不能单纯依靠行政体制和科层化的资源传递渠道完成项目任务，要以专业手法、社会方式来深入公众、连接周边，进而动员资源、服务公众。

对公众而言，政府购买服务项目是解决问题、回应需求、获得能力、实现发展的重要方式，也是参与社区、参与社会、甚至参与政策的重要方式。

三、从弹性行政转为依法治理

行政具有弹性和张力，而法律只有刚性。依法治理要求各个法律关系主体在完善的法律框架下明晰对各自的权利与义务，在不突破刚性原则的情况下灵活调整各自的行为，以期达到最理想的治理效果。而依法治理的前提则是政府购买公共文化服务的三大法律关系主体购买方（政府）、承接方（企业或文化类社会组织）、受益方（公众）对各自的行为具有明确的预判和设定。政府购买的本质是购买方（政府）将权利义务转移给承接方（企业或文化类社会组织）的过程。在政府购买过程中，购买方（政府）与承接方（企业或文化类社会组织）的行为方式都将受到受益方（公众）的权益制约，并共同保障受益方（公众）的文化权益。因为三大法律关系主体的背景和地位有较大差异，三个利益相关方在法律层面上所呈现出来的权利义务也具有显著差异，造成了利益和价值上不同程度的矛盾。所以有必要遵循特定的规则和程序，按照现实的具体状况优化购买的模式和程序，逐步推动权利与义务之间的均衡配置，进而达到市场的平衡和最大公众利益的实现。

要推动政府向社会力量购买公共文化服务的顺利开展，亟须加快公共文化服务购买领域的立法，建立健全政府购买的法律法规，完善政策体系。要紧紧抓住贯彻落实《公共文化服务保障法》的契机，推动相关领域立法，将政府购买公共文化服务这一政府行为通过法律予以明确和约束。积极推进政府购买公共文化服务标准体系的建立，确认购买程序有据可依，不留盲点。

确立和完善政府购买公共文化服务法律体系，首先要对《中华人民共和国政府采购法》进行重新修订，要将政府向文化类社会组织购买公共文化服务的相关内容纳入法律规制内容。其次要按照具体实施情况，对相关法律进行调整和修订使其适应时代的发展，同时根据新形势、新背景制定新的法律法规，进一步完善政府购买法律体系。特别是需要调整和修订国家财政和税收法律，使之适应文化类社会组织的发展。要进一步推动政府购买的法制化，将购买的各个环节纳入正当法律程序，对政府购买公共文化服务的资金、服务的各项内容、承接方的资质要求等信息公开，保障公众的知情权，同时也促进承接方的竞争，提高服务供给效率。建立政府购买听证制度，将公众纳入政府决策过程，从而确保政府购买的有效性。再次是培育契合精神，完善购买主体的承接主体的契约关系，明确双方的责任义务。政府通过向社会力量购买公共文化服务，所转移的仅是服务项目供给，而并非公共文化服务的政府责任。公共文化服务的供给可以交由社会力量承担，但是有效监督政府购买的承接主体保质保量完成公共文化服务满足民众的文化需求，是政府无法回避的责任。当政府由于监管失误对公众权益造成损失时，不单要追究承接方的责任，还应向政府追责。最后是要构建受益方（公众）的维权系统。在承接方（企业或社会组织）违反契约约定或相关法律法规提供劣质服务给公众造成损失时，承接方（企业或社会组织）需要承担主要责任，购买方（政府）也要承担起监督管理的责任。如果承接方（企业或社会组织）不具备承担责任的能力，购买方（政府）需要担起相应的责任，受益方（公众）有权采取协商、上诉等方式实现求偿权。购买双方签署的合同性质上为行政合同，相关纠纷是属于行政诉讼受理范围，不过现实情况中，协商和仲裁之类的方法更加有效。按照当前有关法律规定，承接方（企业或社会组织）只能就采购监督管理机构提出投诉处理决定提起诉讼，因此需要进一步拓展司法救济的审查范围，把购买方（政府）的购买行动也纳入审查监管理中。[1]

第二节　供给侧改革提升购买效率

一、构建互补市场推动事业产业协同

公共文化服务供给要满足公众日益增长的精神文化需求，需要旺盛和成熟的文化市场作为基础。文化及相关产业门类可以为公共文化服务提供公共文化产品和相关服务，并拓展和丰富公共文化服务的内容，进一步引导和激发公众的文化消费需求。同时通过文化市场的激烈竞争，具备市场

[1] 李林启．论政府采购中供应商的权利救济 [J]. 招标与投标，2014（3）：45-46.

竞争力的文化市场主体逐渐成熟，成为政府购买公共文化服务合格的承接主体。因此，成熟的文化消费市场是支撑政府购买公共文化服务有效推行的基础保障。[1]

当前社会领域普遍出现需求倒逼供给的新形势，要深化公共文化服务供给侧结构性改革，需要进一步激发社会资本对文化领域的投资热情，加大力度增强公共文化服务的供给，提高公共文化服务的水平，培育经济发展新动能，增强公众的获得感。

公共文化服务包括基本公共文化服务和非基本公共文化服务。随着经济社会的快速发展，基本公共文化服务的内容和范围不断延展。如移动互联网服务在十年前属于非基本公共服务，但是在当前互联网时代，提供移动公共文化服务已经成为政府义不容辞的责任。而随着社会生活水平的不断提高，公众的文化需求也越来越丰富多元，呈现出明显的个性化特征，政府提供的基本公共文化服务已经无法满足公众的需求。2017 年国务院办公厅下发了《关于进一步激发社会领域投资活力的意见》(国办发〔2017〕21 号)，指出："在政府切实履行好基本公共服务职责的同时，把非基本公共服务更多地交给市场……吸引各类投资进入社会领域，更好满足多层次多样化需求。"这为进一步扩大政府购买公共文化服务范围，加大公共文化服务供给向社会力量开放力度注入了强大动力。

构建现代公共文化服务体系和现代文化市场体系的互补市场，将公共文化服务的全覆盖和均等化发展与推动文化产业成为国民经济支柱性产业

---

[1] 刘京晶．互联网时代：公共文化服务的治理变革 [M]. 北京：知识产权出版社，2017：98-99.

进行整体规划，统筹规划基本文化需求与非基本文化需求的供给体系，统筹公益性与市场性的要求，积极推动文化事业和文化产业协调发展，建立文化事业与文化产业相互融合转化的协调机制。打通社会力量参与公共文化服务的通路，在公共文化服务领域引入市场竞争机制，充分发挥市场在资源配置中的积极作用，采取政府采购、项目补贴、定向资助、贷款贴息、税收减免等政策措施鼓励各类文化企业参与公共文化服务，促进文化事业和文化产业比翼齐飞。[1] 此外建立面向文化事业与文化产业共同的文化产品评价体系和激励机制，坚持把遵循社会主义先进文化前进方向、人民公众满意作为评价作品的最高标准，善用互联网最大限度地收集民意、整合资源，把公众评价、专家评价和市场检验统一起来形成科学的评价标准。[2]

目前许多公共文化资源还在文化事业单位中固化沉淀，尚未发挥应有的作用，需要加强对国有转制文艺院团的扶持，推动其加快企业化管理。引导广泛的社会力量参与到公共文化服务体系建设中，优化公共文化财政的资金投入方式和结构，弥补公共文化服务存在的结构性失衡问题。促使公共文化服务向市场领域的开放，经由市场竞争机制将市场力量纳入公共文化服务领域，形成文化企业与文化类社会组织的公平竞争格局，进而提高公共文化服务效率和质量。

树立“大文化”观念，将民办的图书馆、博物馆、演艺机构等纳入政府购买范围，进一步丰富公共文化服务的供给主体。采取多种措施鼓励企

---

❶ 刘京晶 . 互联网时代：公共文化服务的治理变革 [M]. 北京：知识产权出版社，2017：99-100.

❷ 辛向阳 . 准确把握文化产业与文化事业的辩证关系 [N]. 中国青年报，2012-01-04（6）.

业以各种方式参与政府购买公共文化服务，进一步简化审批流程，减少政策推行过程中的阻碍，推动政府购买公共文化服务形成竞争性市场。对市场中的社会参与方进行适当的指引与规范，努力培养具有“替代性的生产者”，把公共文化服务的供给从政府的“内循环”转变为市场的“大循环”，从“送文化”向“种文化”转变，促进文化本身的横向拉伸和纵向发展。

二、优化购买机制提升竞争效率

政府购买公共文化服务效率的关键是通过竞争来打破垄断。通过对政府和市场功能的清晰界定，引入竞争机制实现效率供给。优化购买机制是当务之急。

（一）改革我国财政预算和支出管理制度

我国目前推行的《政府预算收支分类手册》预算分类法无法全面真实地反映政府购买公共文化服务的现实状况，也缺乏政府购买公共文化服务的专门预算。有必要调整和细化政府预算收支的分类，把“商品和服务类”支出分为“商品类”支出和“服务类”支出两个平行支出类。强化购买公共文化服务与财政支出制度的衔接，处理好中央预算和地方预算、总预算和部门预算的衔接。以资金带项目，以项目促转变，切实保障向社会力量购买的服务类项目在政策层面、资金层面、管理层面的高度统一。

（二）设置购买公共文化服务财政专项资金账户

首先是将政府购买公共文化服务列入年度财政预算，设立政府购买公共文化服务专项科目，推行预算式管理，保证政府购买公共文化服务能够实现常态化、制度化发展。其次是探索政府购买公共文化服务财政专户统筹管理形式。最后是建立政府购买公共文化服务项目库，根据项目的具体特点与实施周期，分成常年项目与临时项目。如公共文化设施的运营管理等常年项目适当延长采购周期，从现有的一年一采购转变为三年或五年一次采购。对于临时新增或实施周期较短的公共文化服务，则每年进行购买，从而保证公共文化服务购买的连续性。

（三）完善竞争性政府购买服务机制

完善现有政府购买体系，构建程序规范、标准明确、方式灵活、评价及时、动态调整、监管有力的采购体系，建立起竞争性的政府购买公共文化服务机制。针对公共文化服务的内容和特点，结合实际情况，参照市场定价，以公开招投标为主，竞争性磋商、谈判、邀请招标为辅的形式选择合格的承接主体，采取购买、委托、代理、合作经营等多种合同方式开展购买活动。构建政府购买价格的动态调整机制，按照承接主体服务的内容和水平来确定采购金额。分类型细化政府购买公共文化服务标准，便于各类承接主体自我审查。

（四）规范完善购买流程

政府购买公共文化服务的购买流程是否科学合理，直接关系到购买是否具有成效。因此要进一步加强与预算管理的衔接，细化购买项目的内容，科学编制政府购买公共文化服务项目的预算，设置明确的绩效目标，细化购买的具体内容、服务对象、服务标准等事项。积极推进“补改买”转变，建立政府购买公共文化服务项目库建设，并纳入项目评审操作流程，切实根据公共文化服务特性，探索优化购买流程，提高购买效率，逐步建立政府购买文化服务的项目申报、预算编制、组织采购、合同监管、绩效评价等规范化购买流程。对具体购买项目要分类指导监督，条件成熟的进行公开招标，遏制规避公开招标及其他变通采购，增加透明度和公正性；对探索性或不具备竞争条件的项目可采取公开招标以外的采购方式；对不同的服务项目签订针对性的购买合同，确认与服务采购有关的要点和目标。

在政府购买服务的实践中，针对作为承接主体的文化类社会组织发育程度的不同、预算资金规模的变化、服务时限要求的不一等因素，需要有多样的购买方式给予配合。在文化类社会组织发育程度较高的地区和领域采用公开招标的购买方式，在文化类社会组织尚未完全成熟的地区和领域或时间较为紧迫的临时性活动中采用竞争性谈判、竞争性磋商、单一来源采购、定向委托等购买方式。在资金投入上，既可以采用全额预算购买，也可以采用定额补贴、以奖代补等方式进行采购。针对不同的项目采取不同的购买方式。以任务为导向、目标清晰、考核指标可量化的购买项目，如文化馆的物业安保服务、设施购买等这些硬性服务，可以在合同里约定购买服务的内容、详细任务、需求以及标准，承接方依据根据合同要提供服务，政府也可依据合同约定来进行监管和验收。而对文化活动、文化设施运营管理这些软性服务，应该以结果为导向，通过服务效果和公众评价来考核政府购买公共文化服务的成效，而不是合同里实现约定的服务频次。比如，图书馆提供公众就业培训，政府可以将成功就业的人数纳入对其服务绩效进行考核的重要标准，而不是单以培训的次数和参与人数作为衡量标准。政府购买公共文化服务应从量向质转变。政府基于服务效果计价、按照服务质量来支付购买费用。政府应该尽量给予承接主体自主服务的空间，减少对其服务方式的直接干预，给予承接主体更多的自主决策权。

三、培育文化类社会组织增强动力

文化类社会组织可以作为“第三部门”在文化治理体系中发挥积极作用。它与政府、市场在公共文化服务职能上相辅相成，在资源调用、服务供给、开展活动以及运营管理这些领域具有专业化的能力和重要的作用，是政府构建社会化供给体系可以依靠的主要力量。从目前我国的现实需求来看，竞争机制的引入是提高公共文化服务供给效能的关键，也是推行政府购买公共文化服务的主要瓶颈。引入竞争机制，必然需要打破政府作为单一主体垄断供给的局面，形成多元化供给主体的格局。大量专业化的文化类社会组织的成长和发展是政府向社会力量购买公共文化服务得以持续健康发展的基础。

（一）优化文化类社会组织培育环境

大力推动社会组织注册管理制度的改革，降低准入门槛，进一步精简社会组织的登记手续，推动文化类社会组织发展壮大。明确《国务院机构改革和职能转变方案》里面提到的“公益慈善类”社会组织包括文化类社会组织，适用于直接向当地民政部门申请登记的政策，清除登记方面的程序障碍。

要广泛宣传和普及文化类社会组织所发挥的重要作用，在整个社会培育以组织化形态、专业化能力服务于现代公共文化服务体系发展的意识和理念，从而给文化类社会组织的培育和发展打下良好的社会基础。拓宽文化类社会组织的发展空间，凡是可以由文化类社会组织提供的公共文化服务，尽量通过政府购买交给社会组织提供。进一步增加政府购买公共文化服务的公开和透明度，增强文化类社会组织承接政府购买服务、参与社会管理的积极性。

尽快梳理文化部门现有与政府购买公共文化服务相关政策相抵触的法规政策，加强业务主管和行业主管部门的分工配合，研究制订培育规范中介机构等承接主体的具体办法，主动培育文化类社会组织。积极培育和发展文化类行业中的协会、商会，引导和鼓励它们研究制定行业服务标准，建立健全行业标准、行业评价、行业统计、行业调查、职业评价、等级评定、技术推广应用等行业管理规范和协调机制强化行业的自查力度。积极探索事业单位分类改革，尤其是二类公益事业单位，既要有危机意识，也要积极创造条件，转变投入方式，切实转变成为具有市场竞争力的政府购买服务承接主体的主力军。促进自发性文艺团队升级成为文化类社会组织。鼓励各地建立政府购买公共文化服务供应商数据库。

结合我国公益事业单位改革和军队改革的现实情况，积极培育国有院团、文化馆站的在职、退休人员和军队宣传文职转业干部及文工团退伍人员创办文化类社会组织。这类人群政治素养过硬、长期从事文化宣传工作，了解文化的发展规律，具有较强的文艺才能和组织协调能力，非常适合成为文化类社会组织的创始人。政府可鼓励和引导这两类群体进入文化类社会服务领域，通过“公益孵化器”等措施培育其成长为政府信任、服务专业的合格承接主体，以孵化器支持社会创业。如英国设立了 1000 万英镑的社会孵化器基金，用于支持社会孵化器发展，为创立小型社会企业、培育社会服务机构提供服务。

此外，境外 NGO 也可以作为政府购买公共文化服务服务的重要参与者。改革开放以来，境外 NGO 在教育、健康、扶贫开发等诸多领域为我国的社会发展、国计民生做了很多工作。2017 年，《中华人民共和国境外文化类社会组织境内活动管理法》出台。在法律出台的一个月内，上海、广东、北京共有 31 家境外 NGO 依法在公安机关登记成功，其中有 21 家是原登记于民政部的境外 NGO，另外 10 家则在工商部门登记，这些机构原本就有合法身份，只是按新法操作，适应新规定而已。实际上，境外 NGO 法实施以来，全国范围内原本没有合法身份，新法出台后才成功申请到合法身份的组织尚无一例。应尽快清晰界定境外 NGO 的主管部门认定、鉴别机制、程序中的责任机制、激励机制均无清晰界定，推动那些具有专业服务能力、为中国公众服务的境外 NGO 能够顺利取得合法身份并积极参与到政府购买公共文化服务当中。

（二）助力文化类社会组织“造血”

多元财力供给是解决文化类社会组织参与政府购买公共文化服务的关键。通过财政激励手段提升文化类社会组织供给公共文化服务的效能，通过委托拨款、基金拨付、奖励、税收等各种各样的形式对文化类社会组织提供支持。建立完善的社会捐赠体系，综合利用税收优惠、资金扶持、文化彩票、冠名表彰等一系列措施鼓励更多的企业、个人等社会资源对文化类社会组织进行赞助和扶持。进一步加强对社会捐赠优惠政策的宣传，简化捐赠手续，适当放宽捐赠扣除政策。

（三）推动文化类社会组织专业化发展

根据资源依赖理论，组织在生存中为了避免对环境中其他组织资源的依赖，可以选择两条途径：一是尽量将对其他组织的资源依赖最小化，二是尽量把其他组织对自身的依赖最大化。文化类社会组织需要积极寻求多样化资源，降低对政府资源的依赖。一方面要推动组织发展，增强人才队伍建设，扩大组织文化活动，另一方面要重视增强文化类社会组织提供公共文化服务服务的能力和水平。相关调查显示，文化类社会组织成员数量和质量的高低直接影响了其提供公共文化服务的水平。而目前我国文化类社会组织从业人员数量较少，质量普遍不高，在经济落后的地区这些问题尤其严重。社会组织人才队伍的提供不能单纯依靠志愿和奉献，更需要政府提供相关培训和扶持。

因此需要进一步完善文化类社会组织的治理结构，加强对组织内部的管理。明确文化类社会组织理事会成员的权责，建立奖惩机制保障，激励理事发挥重要作用，避免理事会机构虚设。另外，要注重专业人员的招募和培训。从业人员的职业素养包括从业人员行为具有公益性；文化类社会组织紧紧围绕公众实际困难展开；用优质的工作效率赢得公众对文化类社会组织的认同感。通过理论培训、实际操作培训、集中培训、演示培训等多种培训方式提高从业人员的服务水平。制订从业人员绩效考核办法，将绩效结果与绩效奖励联系在一起，让服务行为与经济利益挂钩。对文化类社会组织的人员定期进行考核，通过成员自我约束及成员间的相互约束做到层层嵌套约束。增强政府和社会的监督管理，引导文化类社会组织构建和完善相的管理体系，优化资产，建立绩效评价体系，积累社会信任，依照相关法律法规承接公共文化服务项目。

四、畅通供需信息机制回应公众期待

随着经济社会的快速发展，公众的文化需求逐渐呈现出多层次、多样化的特征。要满足回应公众期待、公众日益增长的公共文化服务需求，需要畅通政府和公众之间的信息沟通机制。

立足本地实际和公众需求，购买符合当地公众要求的公共文化服务，才能让购买公共文化服务工作切实取得成效，达到预期的效果。厦门社区和农村多是以闽南语作为母语，因此当地公众更喜爱歌仔戏、高甲戏等以闽南方言演绎的地方剧种，在购买公共文化服务时应多考虑当地公众的需求，组织更多的地方戏曲下基层活动；而厦门一些农村是渔村或城中村，在采购农家书屋书目的时候应考虑当地农民的阅读需求，避免购买农耕农作之类的书籍造成浪费。

政府购买公共文化服务的绩效评价应以公众的获得感为核心。在实践中积累了不少经验，如注重基层公众的满意度评价，建立服务对象意见反馈机制，采取多种形式征求公众意见和建议，并根据公众需求制订购买服务的内容。青岛市城阳区实施“文化超市”惠民工程，对公众文化需求实行订单式服务，基层社区和公众根据自己的喜好，通过“文化超市欢乐城阳”网站等渠道自主选择文化产品，并反馈至文化行政主管部门，由区一级和街道一级的财政共同购买公众需要的公共文化产品并配送到基层社区。

加大实施和完善公开招投标，在现有的政府采购框架内搭建“菜单式”服务平台，形成公共文化服务购买的多媒体客户端，进一步推动政府购买公共文化服务的公开、透明。由政府部门搭建“菜单式”服务平台，聘请第三方机构对菜单信息进行采集和发布，并对承接主体进行资格审核，为政府向社会力量购买公共文化服务提供“自下而上、以需定供”的菜单式服务，避免由于供需信息不对称带来的效率低下和不完全竞争带来的购买垄断。[1]项目适合才能卖得出去，买的回来，政府购买的效率才能得到有效提升，参与政府购买的各类社会主体也才能得到良好的发展空间。在做好需求和市场分析的基础上，对于公益性较强、经济效益欠佳、社会短期内难以提供的项目，应控制项目推进速度，待时机成熟再以向社会购买的形式提供服务。分解公益性较强的项目，适于社会提供的部分由社会提供。如南京建湖通过文化惠民演出前在演出现场发放征求意见表、电视和网络同步播放候选节目单，召开公众代表“订货会”，下派人员到村庄、企业、学校驻点调研，公布咨询投诉电话等方式，实时掌握农民、工人、学生等服务对象的需求变化，做好需求侧工作，变“配送式”文化惠民服务为“订单式”，较好地解决了供需之间的矛盾。徐州市政府、泰州市政府正在采用的发放文化惠民券则更进一步，将图书购买、文艺演出的选择权交给读者和观众，把公众需求直接与市场承接主体对接，免去了

[1] 刘敏．政府购买公共文化服务的难点及对策 [J]. 中国发展观察，2016（10）：34.

政府进行需求分析的环节，使文化服务的选择权进一步分散化、个性化，很大程度上将“政府选”转变为了“公众选”，让“市场分析”代替了“政府分析”，减轻了政府的工作压力，提高了文化服务的精准度，是落实文化精准惠民工程的大胆尝试。切实做好公众的需求分析和需求引导，建立“自下而上、以需定供”的互动式、菜单式承接方式，动态满足公众需求，提高服务供给的精准度。

第三节　资源整合增强协同

市场化供给下政府的主要功能体现为，供给市场没有动力提供的公共文化服务，监督市场运行，弥补市场缺陷。经济的外溢性及垄断导致市场调节功能失灵，需要政府调节供给和需求的矛盾关系，纠正市场失灵。清晰地界定政府、市场、文化类社会组织在公共文化服务供给中的职能范围和作用，实现明确分工和相互协作。在多元化公共文化服务供给体系中，政府做好制订设计和流程监管，市场提供财力和物力，文化类社会组织通过参与市场竞争来协助公共文化服务供给。政府、市场、社会各类资源的整合协同是推动政府购买公共文化服务效率提升的基础。

一、吸纳社会资本增加资金供应

吸纳社会资本，建立起政府主导、社会参与、市场机制灵活的多元化的供给格局，首先，要破解公共文化服务投入不足的难题。一方面，对目前公共财政投入机制进行改革优化，提高财政资金的投资效率和引导能力。推动各级政府将购买公共文化服务纳入公共财政预算中，实现制度化、规范化发展。强化政府购买服务资金管理，在既有预算中统筹安排，以事定费，规范透明，强化审计，把有限的资金用到刀刃上。另一方面，逐渐放宽社会资本进入法律法规准许的公共文化基础设施和服务项目，吸纳更多的社会力量参与公共文化服务建设，构建公共文化服务社会投入机制。

构建公共文化服务社会投入机制，需要调整公共财政支出结构，逐步提高公共文化支出在公共财政支出中的总量和比重，提高具有激励性质的经费投入比例，并以项目投资的方式加强对公共资金的使用途径和使用效率的监控。

其次，改革公共财政投资机制，将公共财政体制逐渐向经济投资型转变为公共服务型，从直接拨款向项目投资、购买服务转变。[1]通过完善财税政策、信贷手段，引导和鼓励社会资本通过捐献、投资、协作、合作经营等形式主动参与经营性的公共文化服务项目和公共文化基础设施的建设，为市场主体预留充分的发展空间。

最后，利用市场机制改革公共文化服务的运行方式，通过市场招投

---

[1] 蔡久伟．加强基层文化基础设施建设 [N]. 人民政协报，2012-05-25（8）.

标、协议承揽、特许经营等市场运作方式，充分调动各类市场主体的积极性，形成开放和灵活的公共文化服务运行机制。吸引和统筹安排使用社会资金的，设立和完善多样化及多层次（个人、企业、机构等）的公共文化服务基金，广泛吸纳来自公共财政、文化产业经营收益和各种社会力量捐赠的资金。目前我国已成功设立福利彩票和体育彩票，可以考虑单独设立“文化彩票”或将文化彩票与体育彩票合并，为公共文化服务体系建设提供持续稳定的资金来源。

二、精准扶贫提振基层购买意愿

从经济学视角看，政府购买公共文化服务属于公共资源分配问题，体现了政府在公共文化服务供给制度安排上的差异。主要表现为制度供给不均和财政供给不均。制度供给不均主要体现在城乡公共文化服务差别制度安排上；财政供给不均体现地方与中央事权与财权配比失衡，地方事多财少。

就理论方面而言，公共财政与政府购买公共文化服务的实现目标趋于一致；而从实践层面看，公共财政是政府购买公共文化服务的物质保障。公共财政是政府购买公共文化服务的前提，但仅仅是必要条件而不是充分条件，也就是说公共财政并非必然会产生政府购买公共文化服务。作为一种制度工具，取决于政府的选择。公众以政府购买服务提供的服务享用感受为依据进行供给效果评估，通过效果反馈表达公众需求的满足程度，同时作为政府供给是否充足的衡量依据。公共财政需要清晰划分中央和地方的事权，健全财权与事权相匹配的税制，调整各个税种的分成办法，在通过规范的转移支付保证地方政府购买公共文化服务的能力。

根据事权与财权对等的原则，基本建立省、市、县财政分级负担的政府向社会力量购买公共文化服务财政保障机制。按照中央要求要进一步加大向社会力量购买公共文化服务的投入力度，在现有财政资金安排上逐步增加政府购买公共文化服务的比例。

三、统筹政府资源形成合力

目前公共文化服务管理政出多门，职能交叉冗杂，机构职责与权力脱节，行政效能低下，与构建现代公共文化服务体系的要求还有相当大的差异，无法实现公共文化服务的高效供给。因此，要顺应大部制改革，推动政府公共资源的统筹协调，将现有文化、旅游、广播电视出版、体育、文物等管理部门合并成为文化大部门，全面统筹协调、合理配置公共文化服务资源，理顺公共文化服务管理体制，增强政府公共文化服务的效能。同时建立跨部门协同购买机制，整合部门间购买专项资金，实现基层宣传文化、党团、科学普及、体育健身的“大文化”整体购买。

第四节　强化考核完善内控

健全政府购买公共文化服务的内控机制包括绩效评价机制、监督机制和追责机制。

一、以效率导向完善绩效评价体系

从国际经验看，政府购买公共服务的绩效评价发展分为三个阶段。第一个阶段是社会服务阶段。这是政府购买公共服务绩效评价的一个基本目标，以评价公众是否获得了更好的公共服务为中心。在这一阶段，经济、效率和效果尽管有所考量，但由于政府服务成本始终作为一个黑箱存在，这种评价也仅限于不同承接方之间的横向比较，服务对象的满意度成为主要评价依据。第二个阶段是经济效率阶段。这一阶段随着政府购买服务推进的普及，政府公共支出大量增加，相关承接方在各个服务领域大量进入。公共支出的影子成本居高不下，绩效评价需要回应在哪些领域政府购买服务比政府自己承担更好，购买服务所增加的交易成本如何、如何补偿。相应地给政府提供实施服务回购或者再国有化的建议。与此同时，非合同购买、凭单制购买、特许经营等不同形式的购买服务也需要进行横向比较，从而进一步优化政府购买决策。第三个阶段是政治价值时期。政府购买服务是一种政治行为，需要严格遵从和践行特定的政治主导功能及要求。高效能的经济价值并非就意味着政治领域内的正当性和合理性。因此，对政府购买服务绩效的评价还应该纳入更多的考量，回应诸如政府购买服务能够对服务型政府转型有什么作用，政府购买服务能否推动和引导文化类社会组织发展，政府购买服务是否可能制造出了新的寻租空间，政府购买服务对公众参与的影响如何等。目前我国政府购买服务绩效评价还处于第一阶段，发达国家已经处于或走过第二阶段。第三阶段尽管目前并不普及，却是政府购买服务绩效评价必然肩负的使命与责任。从研究角度来看，国外关于政府购买服务绩效评价经历了学术研究向实践应用的转变过程，而我国则是实践走在了政策前面，政策走在了研究前面。当前学术研究所面临的问题是如何超越和引领实践而不是简单的跟踪总结，政府购买服务绩效评价为公共政策研究者提供了搜集素材和接触实践的宝贵机遇。

有效的绩效评价机制是优化政府购买公共文化服务不可或缺的手段。评价通常有三个层次。

第一个层次是描述。即客观真实地描述项目是否完成了“规定动作”，将承接方实际完成了哪些与项目相关的工作原原本本地呈现出来，回答究竟做了什么的问题。对于当前较为普遍的事后评价而言，描述离不开调查研究，它需要利用到社会学、管理学的基本方法向前追溯，搜集和评价利益相关者尤其是服务对象关于项目的基本信息和评价，目的是解决委托方（政府）和承接方（社会力量）之间的信息不对称问题。这里还需要对比项目申请书里的承诺有无发生变更，变更理由和程序的合理性，过程中是否进行了必要的沟通等。

第二个层次是判断。即在信息搜集的基础上对项目整体进行评价，回答做得怎么样的问题。以项目是否达到预设的目标作为评价的得分依据。这里还要明确效果和影响的区别。效果一般是指目标完成的程度，而影响通常等于项目产生的社会影响力大小，如媒体报道社会关注度等。由于存在概念区分上的困难，实践中常常被人为偷换从而造成评价结果失真。比如，一个项目有了影响力，常常容易让人以为这个项目是有效果的；而一个项目有效果，却因为缺乏影响力而导致得分不高。由此，机械地套用指标需要让位于专业评价人员的经验判断。

第三个层次是应用。即将绩效评价结果充分运用于政府购买公共文化服务的整个过程。所有的项目都是短暂的努力，绩效评价需要回答：如果项目已经实现目标，还要不要再做下去，如果项目尚未达到目标，如何实现优化。

（一）科学确定评价指标

应首先明确评价主体，以“投入—产出”逻辑建立科学的评级指标体系，明确政府购买的绩效评价依据，保证绩效评价的完整合理。

（二）创新绩效评价方法

一些西方发达国家在政府购买服务的绩效评价方面积累了宝贵经验，值得我国学习借鉴。如德国成立了专门的公共服务综合监管组织——管理联合会具体实施“公共交互指标系统”来对社会组织参与公共服务进行严格的绩效评价考核。各系统分别对应不同的策略层面，如图书馆、环境卫生等。许多地区或机构均通过有效的标准系统完成广泛协作，分享交换绩效数据，争取向别的地区或机构借鉴成功经验。我国可以借鉴德国经验，建立“政府购买公共文化服务交互指标网络”，健全和完善政府购买的绩效评价机制。

（三）完善综合评价机制

与其他公共服务采购项目相比，公共文化服务项目大多具有特殊性、专业性，往往不易开展绩效评价工作；加上各地普遍缺乏专业的评价机构，难以科学有效地开展第三方评价，而评价效果也面临难以量化的问题。此外不少地区还存在“重购买、轻绩效”的问题，导致尽管对绩效评价工作做出了规定，但在具体的执行环节往往操作起来很困难，不能充分发挥绩效评价对于购买公共文化服务开展的促进作用。

要进一步加强对公共文化服务项目的研究，需要结合公共文化服务的特点和服务对象的需求，制订操作性强、便于绩效评价考核的服务质量标准，完善标准体系和规范，以及必要的动态调整机制。建立由购买主体、服务对象、第三方专业机构组成的综合绩效评价机制，协助财政、审计、民政、市场监管、工商等部门切实履行监管职能。对后勤岗位的购买，建议由编制、人事、劳动、财政、物价等有关部门制定统一的管理和服务模式，必要时设定指导价；组建由专家学者和文化专业人士组成的专家库，科学论证政府购买公共文化服务的项目内容、购买金额、服务要求等，规范论证过程，纪检部门全程监督，避免引发新的腐败。

绩效评价需要关注并避免两个极端：一是将评价结果束之高阁；二是对绩效评价结果的利用急功近利。绩效评价的应用实际上是协商过程，是一个各方利益相关者展示诉求、公平参与的平台。如何巧妙地提出建议，并通过有效协商，考虑各方约束条件是绩效评价成功应用的前提。从上述三个层次可以看出，政府购买公共文化服务服务绩效评价离不开专业的支撑，一是信息的合理搜集，二是实践经验的判断，三是对策建议的表达。

二、强化监督约束购买行为

完善的监管体系应该全面涵盖政府法制监督、社会舆论监督和文化类社会组织自律监督三方面，完善由购买主体和公共文化服务对象共同参与的事前、事中和事后监管体系。

在政府法制监督方面，行政监督、法律监督、纪检监督、审计监督均不能缺位。应由文化、民政、财政、审计、工商等部门联合监督，采取定期检查和不定期检查相结合、全面审查和局部审查相结合的方式进行监督，实行有效的行政监管和控制。对政府购买公共文化服务开展全过程的跟踪监管，深入核查和评估的服务成效，严格验收购买服务成果，强化公众对政府购买服务项目的满意度评价，并对外公开评价成果，确保政府购买行为公开、公正、阳光运行。

在社会舆论监督领域，积极运用互联网技术、媒体开展舆论监督，扩大对政府购买公共文化服务的舆论宣传，利用舆论导向促进社会加大对政府购买公共文化服务的关心和重视，营造有效的监管环境，培养和提高公众对政府购买公共文化服务的监督理念和意识。

在文化类社会组织自律方面，进一步探寻建立文化类社会组织内部监督的途径，参照企业的组织结构，建立专门的监事会等机构，实现对文化类社会组织的内部监管；对文化类社会组织的服务活动开展实时的监督和评价，全面掌控服务流程与成效，并据此实行适当的协调和控制；定期针对文化类社会组织开展服务活动的水平进行有效评价，据此提出配套改进措施，确保其服务行为的成功实施，推动文化类社会组织的长足健康发展。

三、明确责任主体落实追责机制

政府购买公共文化服务需要两方面的条件：资源和激励。激励的重点不仅体现为利益平衡下的动力激励，还体现在责任下的压力激励。推进政府购买公共文化服务，绝不意味政府可以将公共文化服务供给的责任推给社会，政府作为公众文化权益的保障主体和公共文化服务的履职主体不容置疑。政府在购买过程中发挥着主导作用，其职责的履行是否到位直接决定政府购买的效率。社会组织 / 企业只是服务的生产者，因此公共服务的供给责任属于政府责任。学界对政府责任的界定有两种倾向：一种是倾向于狭义的界定，政府责任就是与法律相关联的法律责任；另一种是广义的界定，包括财政责任、信息责任、绩效责任、伦理责任、正义责任、管理责任等，是一切政府对公众需求回应所应履行的义务。政府购买公共文化服务的责任倾向于广义的界定，因为政府的责任机制中不仅对供给结果承担责任，还应承担供给机制运行前的决策责任，供给中的效率责任。当前针对政府购买公共文化服务责任机制的构建还处于空白阶段，在责任界定环节、供给责任缺乏清晰的界定。一方面政府购买公共文化服务目前还在探索推行阶段，为了不打击各级政府和社会主体的积极性还有着较大的容错空间；另一方面绩效评估体系还不完善，在实践中也难以明确追责。

但是随着政府购买公共文化服务的常态化，健全追责机制，实行压力激励是应有之义。对政府的追责可以通过行政手段、法律手段来进行。强化对购买资金的监管，定期开展服务资金的审计。对承接主体的追责可建立“黑名单制度”和退出机制，对在政府购买公共文化服务过程中出现的服务质量严重不达标者，承接主体拉入“黑名单”，对违规违法行为、服务质量检查结果、公众投诉处理结果等信息为重点，实施监管信息常态化披露。将承接机构及从业人员信用记录纳入全国信用信息共享平台，其中涉及企业的相关记录同步纳入国家企业信用信息公示系统，对严重违规失信者依法采取限期行业禁入等惩戒措施，建立健全跨地区跨行业信用奖惩联动机制，对违反法律法规的承接主体予以严肃查处。

第七章　结　语

政府购买公共文化服务，作为我国公共文化服务社会化的一种途径和手段，一方面需要改变公共文化服务供给的垄断局面，引入竞争机制，构建竞争性政府购买公共文化服务市场，发挥市场在资源配置中的积极作用，注重规避市场资本非理性趋利的风险，保障公共文化服务供给的公益性，另一方面需要加强政府的主导作用，完善公共文化服务购买体系的监管机制。

政府是公共文化服务的责任主体，但在具体管理中要尽量减少行政干预，简政放权，通过顶层设计和政策制定营造有利于各类社会主体积极参与政府购买的环境平台，引导和扶持多元社会主体参与公共文化服务购买。从某种意义上来讲，政府的宏观引导和制度设计功能远远比直接参与行政管理更能发挥作用。政府管理的着力点应放在公共文化服务社会化供给的制度建设和平台打造上。

公共文化服务的繁荣发展必须建立在活跃的文化市场基础之上。优化市场竞争环境，实现市场主体的平等竞争，能够大大丰富公共文化服务的内容，提升公共文化服务效能，增强全社会公共文化服务的供给水平。市场主体是政府购买公共文化服务的重要参与力量。

文化类社会组织可以有效联结政府和市场，分担政府的公共事务管理职能，同时又能作为政府购买公共文化服务的核心力量参与公共文化服务供给，并对市场主体的趋利行为进行有效的纠正。文化类社会组织是现代公共文化服务体系的中坚力量，政府应该大力扶持和引导文化类社会组织发展壮大。

公众是政府购买公共文化服务的立足点和出发点。以公众诉求为中心优化政府购买模式提供购买效率，才能更好地满足公众的文化需求。

以效率为导向的政府购买公共文化服务，应以推动“公平”和“竞争”为目标进行制度设计和安排：政府（购买方）作为公共文化服务供给的责任主体，以公众（受益方）的文化需求为导向，最大限度地开放公共文化服务供给市场，引导各类社会主体充分竞争，从而优中选优以购买服务的形式供给高质量的公共文化服务；社会组织 / 企业（承接方）作为公共文化服务的生产方，通过自身能力建设不断提升公共文化服务生产的竞争力，充分满足公众的文化期待，同时不断加深与政府的互信合作，与政府形成稳固的伙伴关系；公众（受益方）在享受公共文化服务的同时对政府（购买方）、社会组织 / 企业（承接方）履行供给责任的效果进行评价监督。

结合我国目前的现实情况，推动现有的非市场化政府购买向半市场化政府购买模式转变，提高购买效率，需要政府、企业、社会组织、公众等社会主体的共同参与。政府需要建立健全文化资源整合机制、文化需求反馈机制、文化市场竞购机制，搭建公共文化服务购买的专业化、制度化、规范化平台，推动购买方、承接方、受益方三者协同合作，切实推动政府购买公共文化服务的“公平”和“竞争”（见图 7–1）。

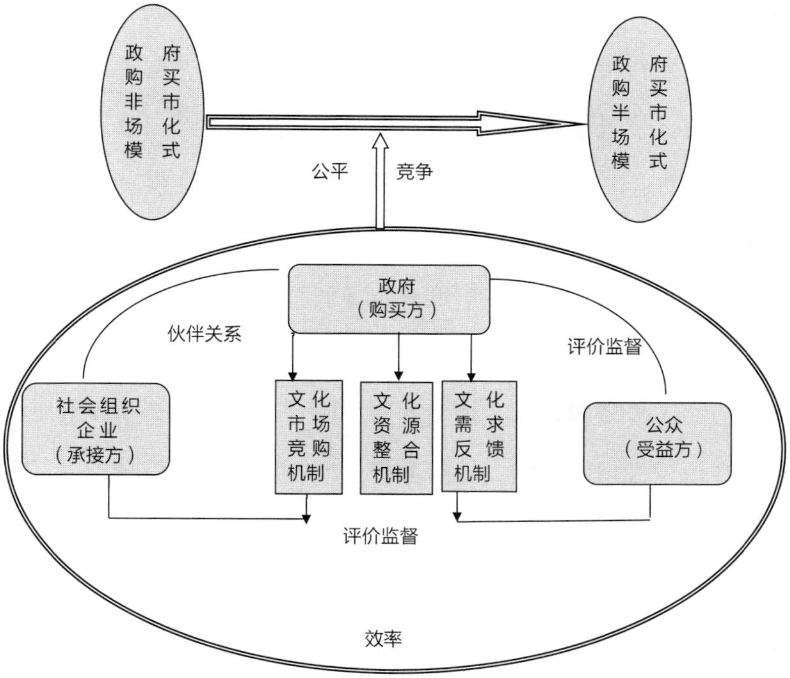

图 7–1 政府购买公共文化服务模式优化

尊重文化发展规律，从顶层设计出发修正现有政府采购机制，使其更适应政府购买的运行，规范政府购买公共文化服务流程，从体制机制上推动政府服务职能的转变。针对各地普遍面临的购买服务承接主体不足问题，政府的培育尤其重要，各地的文化产业专项资金应考虑将深度参与公共文化服务供给的企业纳入扶持范围，促进公共文化服务与文化产业的融合互动。建立跨部门的“大文化”专项采购，通过行政考核激励各级政府提高政府购买的效率。同时广泛吸纳社会资本参与公共文化服务供给，加大对公共文化设施 PPP 模式的实践，借鉴国外经验探索社会效益债券等新途径，提升公共财政投资效率，拓展社会力量参与公共文化服务的渠道。

社会效益债券是一种跨部门协作的社会项目筹资机制。它通过一系列合约安排，以发行债券的方式向私营投资者筹集资金，用于雇佣社会服务机构向目标群体提供干预服务，最终由政府根据项目产出效果来支付投资本金和回报。[1] 这一设计有利于协调和平衡政府、社会投资、社会组织等多方的利益，形成有效的约束机制，从而增强政府对社会问题的干预力度、推动社会组织发展，实现更综合有效的公共服务供给。社会效益债券以解决特定社会问题为目标，由与政府签约的社会筹资机构发行债券，由民营机构或个人投资者认购，该债券募集的资金投向社会组织等服务行为实施者。在协议规定的时间内，服务行为实施者按照部门指示开展有效的公共文化服务活动，相关部门则根据协议规定的成效完成水平给予相应的报酬。具体到当前的实践，英国、美国、加拿大、澳大利亚、荷兰等国已启动 25 个社会项目，包括公共安全和累犯问题、长期露宿街头的无家可归者问题、无业青少年失业问题等，并逐渐向儿童福利、老年人、卫生和减贫等领域扩展。

英国是社会效益债券的积极推动者，实施的社会项目已达到 14 个。

---

[1] 刘春花．死刑、犯罪与善治：法治中国犯罪治理模式的科学定位 [J]. 贵州社会科学，2016（12）：78.

英国政府主要从财政支持、开发知识和工具、实施配套政策等方面推动社会效益债券的发展。2012 年，英国在内阁办公室中设立了多学科的专业团队——社会效益债券中心，专门促进社会效益债券发展，研究和创建类似于模板协议和知识宝箱等相关工具，从而降低社会效益债券项目开发的知识门槛和成本。同时简化社会投资手续，以孵化器支持社会创业，对社会投资实行税收减免。2014 年，英国内阁办公室和大彩票基金联手为社会效益债券等投入了大量的资金，并成立相关基金组织，专门用于支持和推动公共部门开展社会效益债券项目。

2014 年，我国政府颁布的《关于加强地方政府性债务管理的意见》（国发〔2014〕36 号）明确提出，“加快建立规范的地方政府举债融资机制”，举债采用政府债券方式，没有收益的公益性事业发展举债，“由地方政府发行一般债券融资，主要以一般公共预算偿还”。这一文件明确赋予了地方政府为公益性事业发展举债融资的权限，为社会效益债券发展提供了制度框架，也为我国政府购买公共文化服务的创新实践提供了无限可能。

主要参考文献

[1] B. 盖伊•彼得斯．政府未来的治理模式［M］．吴爱明，夏宏图，译．北京：中国人民大学出版社，2001：36-55.

[2] 蔡秀云．非营利组织公共文化服务供给研究［J］. 经济研究参考，2014（41）：43-46.

[3] 曹沛霖．政府与市场［M］．杭州：浙江人民出版社，1998：201.

[4] 戴维•奥斯本，特勒•盖布勒．改革政府：企业精神如何改革着公营部门［M］．周敦仁，译．上海：上海译文出版社，1996：178-179.

[5] 丰云．"效率改进"：公共服务市场化改革的理论阐释与实践逻辑［J］．天津行政学院学报，2012（5）：76-79.

[6] 傅荣校．关于加强和改进新形势下档案工作的意见的理论思考

[J]．档案学研究，2015（2）：38-43.

[7] 高书生．关于文化产业发展若干问题的思考 [J]．中国编辑，2011（1）：56-58.

[8] 顾平安．推进政府公共服务的合同制管理 [J]．理论研究，2008（18）：38-44.

[9] 管兵，夏瑛．政府购买服务的制度选择及治理效果：项目制、单位制、混合制 [J]．管理世界，2016（6）：44-46.

[10] 金泽良雄．经济法概论 [M]．满达人，译．兰州：甘肃人民出版社，1985：50-63.

[11] 孔进．我国政府公共文化服务提供能力研究 [J]. 山东社会科学，2010（10）：56-59.

[12] 莱斯特·M. 萨拉蒙．公共服务中的伙伴：现代福利国家中政府与非营利组织的关系 [M]．田凯，译．北京：商务印书馆，2008：109.

[13] 李会明．非市场失灵理论与中国市场经济实践 [M]．上海：立信会计出版社，1996：187-189.

[14] 李军鹏．政府购买公共服务的学理因由、典型模式与推进策略 [J]．改革，2013（12）：19-21.

[15] 李林启．论政府采购中供应商的权利救济 [J]．招标与投标，2014（3）：45-46.

[16] 李砚忠．关于我国公共服务市场化若干问题的分析 [J]．社会科学，2007（8）：21-22.

[17] 梁立新．公共文化服务多元参与机制创新研究 [J]．学术交流，

2014（2）：18-22.

［18］刘厚金．我国公共服务市场化的问题分析与完善对策［J］．江西社会科学，2009（6）：205.

［19］罗纳德·奥克森．治理地方公共经济［M］．万鹏飞，译．北京：北京大学出版社，2005：78-81.

［20］彭婧．新西兰政府构建购买公共服务模式的经验与启示［J］．经济社会体制比较．2015（2）：56-59.

［21］曲晓燕．文化消费成为北京新经济增长点［N］． 中国文化报，2015-02-11（10）.

［22］沈荣华．公共服务市场化反思［J］．苏州大学学报（哲学社会科学版），2016（1）：38-42.

［23］宋世明．美国行政改革研究［M］．北京：国家行政学院出版社，1999：102.

［24］苏明，贾西津等．中国政府购买公共服务研究［J］．改革探索，2010（1）：17-22.

［25］唐纳德·凯特尔．权力共享：公共治理与私人市场［M］. 孙迎春，译．北京：北京大学出版社，2009：146-148.

［26］王洛忠，李帆．我国基本公共文化服务：指标体系构建与地区差距测量［J］．经济社会体制比较，2013（1）：43-46.

［27］王名，乐园．中国民间组织参与公共服务购买的模式分析［J］．中国浙江省委党校学报，2008（4）：45-47.

［28］王名．第三次改革：中国非营利部门战略研究［M］．北京：清华大学出版社，2005：165.

[29] 王树云，胡云海．我国公共服务市场化约束条件与保障机制研究［J］．中国海洋大学学报（哲学社会科学版），2013（4）：33-37.

[30] 吴帆，周镇忠，刘叶．政府购买服务的美国经验及其对中国的借鉴意义：基于对一个公共服务个案的观察［J］. 公共行政评论,2016(5)：56-58.

[31] 辛向阳．准确把握文化产业与文化事业的辨证关系［N］．中国青年报，2012-01-04（6）．

[32] 徐晓新，张秀兰．社会效益债券：一种创新的社会项目筹资模式［J］．中国行政管理，2015（5）：56-58.

[33] 詹姆士·Q. 威尔逊．美国官僚政治［M］．张海涛，等译．北京：中国社会科学出版社，1995：419-430.

[34] 张宏涛．美国政府购买图书馆公共服务制度研究［J］．图书馆，2016（3）：54-57.

[35] 张晓明，李河．公共文化服务：理论和实践含义的探索［J］．出版发行研究，2008（3）：32-33.

[36] 张怡，李瑞缘．善文化类社会组织税收激励机制的法律思考［J］．税收与经济，2013（6）：78-79.

[37] 郑晓华．社区参与中的政府赋权逻辑：四种治理模式考察［J］．经济社会体制比较，2014（6）：45-57.

[38] 周兰翠．政府购买公共文化服务：理论逻辑与实践形态［J］．地方财政研究，2014（4）：33-35.

［39］周晓丽，毛寿龙．论我国公共文化服务及其模式选择［J］．江苏社会科学，2008（1）：27-28.

［40］朱俊生．医疗服务的提供生产与宿迁医改［N］．中国保险报，2006-08-09（10）.